兵者不祥

刘鹤 著

北京联合出版公司
Beijing United Publishing Co.,Ltd.

《兵者不祥》小序

我和刘鹤坐在北京一间酒肆里吹牛。本想吹吹正史野史风流艳史，结果这位健壮的历史学者挽起衣袖裤腿，露出奇异的冷兵器伤痕，开始讲述他亲身参与的世界各地与各国疯子们组织的怀古格斗与群殴，比如野蛮的"中世纪全甲格斗"或者稍微文雅的"欧洲历史武术"。彼时只会动嘴、最多年少时抡过两下军挎里小板砖的我，完全被打败。只剩倒酒与劝酒，击节与我中艸喈喈。

这是一本带着"肌肉记忆"的历史杂谈。作者出身于军人家庭，生长于大西北兵团农场，自幼习拳练跤，舞枪弄棒，长大后读书教书之余，全副兴趣都是认真且科学地打架。多年下来，对刀剑盔甲、盾牌徽章，有了书斋里无法比拟的体感。

带着这样的体感重新审视历史的细节种种，便有了这本书里弥漫的"生命视角"。不同于地域视角、种族视角、道德视角或者经济视角下的"大历史"，这本书大量的文章写的是"生命视角"下的古"人"。那些命如野草，我来领教；那些独行万里，为践一诺；那些杀人之刀，活人之剑。那些今日之人工智能所不能理解的高洁与卑微，荒诞与实在。

我崇敬的历史书写大师杜兰特夫妇说过："History is mostly guessing，the rest is prejudice（历史大部分是猜的，余下的是偏见）。"这本书当然大部分也是猜的，但是有赖于作者的体感与肌肉记忆，许多地方猜得让我这个无肌肉动物看来透骨凌厉，至于偏见的部分，留待各自带着偏见的读者朋友自行辨析。

江流千山东，小舟从此终，寄蜉蝣于天地，渺沧海之一粟。

是为序。

高晓松

2019 年 6 月 20 日

目 录

CHAPTER 1

穿越者查理和他失败的
冒险之旅（上）

梦幻般的开局

15—16世纪显然是穿越者密集着陆的时代，他们有的留下了晦涩的预言长诗，有的留下了各种奇思妙想的发明，但是用生命来改变人类历史进程的，只有查理。

与同时代被怀疑为时空穿越者的诺查丹玛斯和达·芬奇相比，"大胆查理"（Charles the Bold）的运气显然好得多。1433年，他作为第三代勃艮第（Burgundy）公爵"好人菲利普"（Philip the Good）的唯一继承人出生的时候，百年战争已经步入尾声。勃艮第公国在战争前期先当二五仔[1]帮助英国入侵法国，当胜利倾向法国一方后又摇身一变，化身护国忠臣帮助法王驱逐英军。到

▲ 本文主人公——勃艮第公爵"大胆查理"

了"大胆查理"成功穿越的那一年，英法双方均已疲惫不堪，勃艮第公国反而顺手吞并了欧洲的最强原始股佛兰德和尼德兰，不仅扩大了领土，实力也大大增强。如果"大胆查理"老老实实地按照这个套路发展下去，

---

[1] 香港俚语，泛指墙头草，两面派。

他很有可能在今天的德国和法国之间建立一个大国，从而间接地避免从普法战争到第二次世界大战间的一系列战争。

勃艮第的原始资本积累

勃艮第本来是斯堪的纳维亚半岛上一个日耳曼部落的名字，在公元 5 世纪蛮族全民南下"打秋风"的时代，勃艮第人也跟着人潮一路来到西欧，经常侵掠罗马帝国的高卢行省。勃艮第人和他们占领的土地后来成为法兰克帝国的一部分，勃艮第也演变成法国地名。在中世纪，这块土地远比现在的上下勃艮第地区大得多，因此，其统治者勃艮第公爵自然而然地成为当时欧洲最有权势的大佬之一。

▲ "大胆查理"的爷爷——第二代勃艮第公爵，反骨仔"无畏的约翰"

"大胆查理"的曾祖父菲利普二世（Philip the Bold）是法王约翰二世的儿子，1363 年受封勃艮第，成为瓦卢瓦王朝的第一位勃艮第公爵，因此，查理一族实际上是瓦卢瓦王朝的旁支。法王希望用自己人来管理对法国而言至关重要的地区的这一愿望是好的，但是法王的管理水平显然不够。家族生意一旦做大，家族成员必然会因继承人问题而翻脸,这是自古以来颠扑不破的真理。因此,当第二代勃艮第公爵"无畏的约翰"(John the Fearless),即"大胆查理"的爷爷,发现自己的国王即他的堂兄弟查理六世是一个神经病的时候,他就为自己定了一个能达到的小目标——成为法国的摄政者。在发现这一目标难以达到之后,他毅然在1417年联合英国人入侵法国,帮助英国人控制了英吉利海峡,使得英军可以源源不断地登陆法国。

投敌后不久,"无畏的约翰"发现英国佬的胃口和野心都大得惊人,他后悔了,当即念了两句诗,想重新投入亲人的怀抱。这本来是一个浪子回头的感人故事,结果,神经病国王查理六世的儿子查理七世(当时是王储)的神经也不太正常,竟然在次年和谈时派人刺杀了"无畏的约翰"。这使得第三代勃艮第公爵,也就是"大胆查理"的爸爸"好人菲利普"发誓与法国王室不共戴天。

1429年,奥尔良战役之后,比法国国力弱得多的英国已现颓势,但因为杀父之仇,勃艮第公爵"好人菲利普"依然与法国为敌。1431年,菲利普俘虏了为法王查理七世作战的圣女贞德(Joan of Arc),之后把她卖给了英国人,直接导致贞德被当作巫女烧死。对于菲利普的"好人"名号来说,这实在是一个莫大的讽刺。

总的来说,"大胆查理"的爸爸"好人菲利普"是一个乾隆皇帝式好大喜功的文艺青年。他爱好文学和艺术,但为人浮夸。他经常莫名其妙地抢夺一些土地,之后又还给对方。他还有个喜欢把自己的失败吹嘘成胜利的臭毛病,正所谓"品位没的说,做人没法说"。因此,尽管他整天

▲ 百年战争的转折点——奥尔良之战

◄ 法国民族英雄圣女贞德，被"大胆查理"的老爸"好人菲利普"出卖

兵者不祥

忙忙碌碌地东征西讨，但勃艮第的版图始终变化不大。除了一个"好人"的名号，他所获并不多。然而，1435 年，他的一个重要决定使穿越者查理的传奇命运之齿轮开始转动。

在英国败局已定的时候，"好人菲利普"清楚地意识到，如果继续支持英国，那么在战争结束后，勃艮第很可能会被法王问罪，进而失去其在战争中攫取的土地和利益，于是他决定再次反水，重新效忠法国王室。此时，间接害死菲利普父亲的法王查理七世也急于得到财大气粗的勃艮第的支持，于是，双方在共同利益的驱使下于 1435 年握手言和，共同驱逐英国人。在勃艮第的支持下，法王不到两年就光复了巴黎。在 1453 年的卡斯蒂永战役（Battle of Castillon）中，法军彻底击败英军，收复了加莱之外的所有领土，百年战争结束，勃艮第公爵"好人菲利普"成了拯救国家于水火的大忠臣。

讽刺的是，引起英法双方征战百年的"下金蛋的鸡"——佛兰德和尼德兰地区（除此之外，还有法国王位的继承权），在战争中全被勃艮第占有，并在战后以法律的形式加以确认。因此，勃艮第公国成了百年战争的最后赢家，控制了广袤的土地和重要的经济区。无论是财富还是国力，勃艮第公国均远超法国。

这就是本文的主人公穿越者"大胆查理"的传奇霸业开始之前的梦幻开局，即使穿越小说也不敢与这种梦幻般的开局。

"大胆查理"的创新之路

关于查理的受教育情况，历史记载语焉不详，但是对一位穿越者来说，读不读书根本不是什么大问题。在"大胆查理"的老爸"好人菲利普"晚年病重之时，"大胆查理"终于成了勃艮第公国的实际统治者，开始按照自己的想法和掌握的知识，以穿越者的超前思维治理和扩张这个国家。

"大胆查理"显然比后世网络小说里的伪穿越者有出息得多，他当权后根本没有开后宫享受齐人之福，而是直接进入了"发展经济—攀科技点—扩充军队—争夺霸权"的经典"星际争霸"模式。由于拥有佛兰德和尼德兰这两大欧洲经济命脉，查理根本不必经历从零开始的创业阶段，一开始就进入了创新阶段，而他首先改造的是炮兵和射手部队。

（一）查理的火炮

在 15 世纪之前的欧洲，火炮还是一种不成熟、不可靠的笨重武器。当时的人对物理学和弹道学还所知甚少，根据口径越大威力越大的直观印象，当时的欧洲人铸造了一大批以"傻大黑粗"为主要特点的大炮。这种重炮通常拥有夸张的口径和粗短的炮身，过短的炮身极大地浪费了火药燃气产生的动能，使得射程难以提高。在这种情况下，过量装药只能很有限地提升其射程和威力，但过薄的管壁使得火炮难以承受增高的膛压，因此，因过量装药而造成大炮和炮手一起飞上天的事故屡见不鲜。为了

▲ 14 世纪铸造的笨重的射石炮

避免这种事故，制炮工匠开始一味地加厚管壁，火炮的重量因此不断增加，运输和架设的难度也大大增加，使之只能用于城堡和城市的攻防战。

进入 15 世纪后，火炮的制造技术有了一定的进步，炮身相对变长使得射程和威力都有所提高。工匠们摒弃了一味加厚管壁的方法，选择了延展性好、重量轻的青铜作为制炮材料，或者在铁炮外面加上几圈加强箍，这些技术不仅使火炮的重量变轻，也使面对英国长弓手一筹莫展的法国军队在百年战争后期的一系列战役（福尔米尼战役和卡斯蒂永战役）中横扫了固守的英军长弓手部队。但总体来说，必须构筑固定的火炮阵地，当时的火炮才能发挥作用，因为用朝炮管下打楔子的方法调节发射仰角使得火炮无法在移动中开火。在战场上，有生目标被火炮直接瞄准并击中的概率和被陨石砸死的概率差不多，因此，当时的火炮基本不具备野战的功能和价值。

火枪的发展情况还不如火炮，或者说，火门枪本身就是一门小型的手持火炮（其名字本来就叫"hand gun"）。这种枪的样子很像一截粗短的下水管道，发射时射手一只手持枪，另外一只手拿火种伸向火门。由于发射时火门会喷出耀眼的火光和浓烟，使得枪手很难有效瞄准。此外，由于粗短的枪管难以为弹丸提供足够的动能，因此，只有在距离敌人很近时，火门枪才能勉强击穿骑士身上经过良好热处理的板甲。更致命的是，因为它和大炮的装填方式完全一样，因此这种枪的发射节奏相当慢，每分钟能开一枪已经是惊人的水平，而熟练的英国长弓手在这个时间内已经射出十五支箭了。

▲ 早期构造简单、性能糟糕的原始火门枪

兵者不祥

因此，在盛产优秀弓手和弩手的国家和地区，人们都看不起这种原始武器，尤其是以优秀的长弓射手而骄傲的英国人，他们戏谑地把火门枪叫作"只会吵闹的废物"。

尽管当时的科研基础不给力，但作为一个穿越者，拥有超过同时代水平的军事技术和战术思想简直是必备条件。和小说里的穿越者一样，查理也把火器创新作为从冷兵器时代脱颖而出的先决条件，并从不久前发生的胡斯战争（War of Hus）中得到了灵感。当时，缺乏优秀弓箭手和骑兵的胡斯让捷克农民用四轮大车首尾相连组成车阵，把小型火炮和火门枪架在车上，使神圣罗马帝国的骑士无法进行致命的冲锋。当罗马骑士试图接近并破坏车阵的时候，捷克农民军在很近的距离突然开火，把骑士打得人仰马翻。查理敏锐地觉察到，胡斯军的火力尽管密集，但其枪炮的口径、射程和威力都比较小，还要依赖车阵的保护，丧失了作战的机动性，这是很致命的。

因此，查理首先进行了火炮轻量化改革。他从当时欧洲的科技中心尼德兰请来工匠，使用青铜铸炮并修改了火炮的长径比，使火炮的威力和射程都大大提高，弹道也变得更加平直、低伸，从而使火炮在野战中射击有

▲ 勃艮第大炮Ⅰ型实物

生目标成为可能。改造后的火炮还可以发射铸铁炮弹，这使得炮弹可以进行批量制造。同时，查理创造性地把轻型火炮架在了两轮车上，使其可以由马或骡子轻松地拖曳着在战场上移动。查理还在炮尾加了一个半圆形的表尺，使得炮手可以用数学和弹道学的知识而不是经验来测算炮弹的弹道和落点，快速而精确地调整火炮的发射仰角。

穿越者查理改造后的火炮大概是世界上第一门合格的野战炮，因此，这种炮被称为"勃艮第大炮"（Burgundy Cannon）。后来，查理还发明了用螺栓调节仰角的火炮，其原理已经和后来的加农炮相差不大了。

我相信，穿越者查理如果知道同时代的另外一位著名穿越者达·芬奇已经想出了用臼炮发射集束炸弹的点子，一定会毫不犹豫地付诸实践。但遗憾的是，目前的史料显示，二者在历史上并无交集。

（二）查理的火枪

查理延续了他爷爷和老爸当"法奸"[1]时和英国人建立的良好合作关系，可以任意从英国招募长弓手。他们是欧洲大陆最优秀、最可怕的射手，能够轻松地把一支箭射出 250 码[2]之远，并在 100 码之内保持相当的精度。在短时间内，其平均射速可以达到每分钟 5~10 支，和"一战"时的栓动步枪差不多。这些都是当时的原始火枪望尘莫及的优势。

因此，查理实际上并不具备改进火枪的根本动机，但作为一个穿越

---

[1] 指在法国抵御外敌入侵的战争中，与侵略者合作的法国人。

[2] 1 码约为 0.91 米。

者，他很可能读过恩格斯的这段话："一旦技术上的进步可以用于军事目的，并且已经用于军事目的，它们便会立刻几乎强制地，而且往往是违背指挥官意愿地引起作战方式的改变甚至变革。"他很清楚火枪的潜力比弓箭大得多：招募一个英国长弓手的钱可以装备六个火枪手；火枪手可以从封建征召兵里训练和培养，但并不是每个农民经过训练都能拉开重100磅[1]的长弓；一个熟练的长弓手要训练几年，而一个火枪手只需训练几周就可以上战场；随着战斗时间的延长，弓手会疲惫，并且每一支箭的威力和精度都在下降，而只要火药不受潮，火枪手的每一颗子弹都一样致命，并且在理论上可以一直持续不断地射击。

针对火门枪精度差的缺点，查理引进了钩形枪（Arquebus），这是火绳枪的原始版本。它有一个"Z"字形的钩子，其中一头固定着一截燃烧的火绳，通常是在人或者牲畜的尿液里浸泡过的棉绳，在射击时射手可以双手持枪并瞄准，拨动"Z"字形钩子的一端，使带有火绳的一端伸入药池点燃火药，推动弹丸射出。使用这种枪时，射手不用像使用火门枪那样用点炮仗的姿势开火，这种枪的射击姿势更像在使用现代步枪。

尽管因为拥有长弓手的巨大优势，查理对火枪的改造和创新不像火炮的创新那么具有革命性，但不可否认的是，查理意识到了火枪的巨大发展潜力。后来的西班牙人根据钩形枪改进出的火绳枪震撼了欧洲战场，并把弓箭彻底逐出了西欧战场，即使是抱残守缺的英国人，也不得不在1558年彻底放弃长弓。

---

[1] 1磅约为0.45千克。

（三）查理的骑兵

经历了百年战争中的克雷西会战、普瓦捷会战、阿金库尔战役等一系列灾难性的失败后，人们普遍对战场上不听指挥的封建骑士（Knight）是否还能统治战场产生了怀疑。在多场会战中，法王为了不让麾下桀骜的骑士无脑地冲锋或不战而逃，不得不模仿英国人，让骑士下马作为重步兵作战。

作为知识结构完爆古代佬的穿越者，查理是用装甲兵的战术原则来构想自己的骑兵部队的，而要完成迂回、包抄、包围和突袭等一系列复杂的战术动作，不听指挥的封建骑士是靠不住的。于是，查理模仿他的对手法国国王查理十一建立了常备的骑兵部队，我们姑且按照法国的叫法，把他们命名为"勃艮第的敕令骑士"，他们最初只有 600 人，1476 年扩充为 1700 人。这些敕令骑士和封建骑士最大的不同是，他们是有编制的正式工，他们为查理服役的动机是饷金而不是对领主的义务，这使他们在战场上盲动的可能性大大降低。

封建骑士作战时，武器、马匹和铠甲都是自备的，因此，富有的骑士会尽可能地购置好的装备和马匹，贫穷的骑士只好穿一身过时的破烂儿来战场碰运气，一旦战事不利就骑马逃走。因为装备和马匹的差距，封建骑士很难进行长距离的整齐划一的战术动作。

查理的敕令骑士拥有比封建骑士更加精良的装备，他们每人都有一副米兰式或哥特式或格林尼治式的全身盔甲，将其从头顶护到脚尖。他们的盔甲是用高品质的钢锻造的，并经过了淬火和回火，能有效防御一切刀剑，以及弓箭和火枪的远距离攻击。他们的马匹也有锁子甲和马衣，马的头部和前胸也有板甲。敕令骑士使用长3米左右的重型骑枪作为主要武器。每一支骑士队还配有两名武装侍从，他们的装备和骑士类似，但其马匹没有护甲。此外，每队还有三名骑马弓箭手，他们的装备稍轻，常担任轻骑兵的任务，或者骑马在战场机动，下马射击，为骑士提供火力支援。

尽管查理把轻骑兵和重骑兵混编在了一起，但在作战时，他是根据现代战术的原则让他们分开作战的。此外，由于严明的纪律和严格的训练，查理的敕令骑士部队不仅能执行整齐划一的机动战术，还能进行传统骑士排山倒海的碾轧式冲锋。

▲ 敕令骑士排山倒海的碾轧式冲锋

（四）查理的步兵

最初，查理和同时代的其他军事家一样，征召领地上的农民作为步兵。正所谓自古枪兵幸运 E[1]，在中世纪的战场上，封建征召步兵往往被视为充人数的炮灰，胜利时他们大肆劫掠，失败时一哄而散，遇到骑士的突击便会伤亡惨重。查理最初征召佛兰德地区的人作为步兵，但他很快就发现，佛兰德步兵都是精明的商人而不是战士，因为他们都有点儿小家产和小买卖，所以对作战根本没有兴趣。

查理的穿越者光环这时再次发挥了作用，他解散了磨洋工的佛兰德步兵，放他们回家专心赚钱，并用他们上缴的税金去临近的德意志地区招募雇佣长枪兵。这个地区的人自古以来就过着刀头舐血的生活，只要给钱，杀谁都无所谓。而且，他们都在神圣罗马帝国的军队里混过几天，拥有一定的作战技巧和战场经验，只要给够钱，他们是相当凶悍顽强的步兵。

▲ 德意志长枪兵[2]

---

[1] 出自动漫 *Fate Stay Night*，其中，两位枪兵的幸运属性都为 "E"，意指枪兵的运气差，命运不好。

[2] 这实际上是 16 世纪初的图，笔者没找到 15 世纪末的图。

"大胆查理"的超时代完美新军

无论从哪一方面看，查理的新式军队都堪称梦幻组合。由新式大炮组成的野战炮兵部队、来自意大利的火枪手、欧洲最强的英国长弓手部队、装备精良且训练有素的勃艮第重装骑士和凶悍的德意志长枪兵构成了当时欧洲最顶级兵种的大荟萃。

在查理设想的完美状态的战场上，炮兵队首先在对手的射程之外向对手倾泻重火力，对手承受不住伤亡就会主动进攻，当敌人进入他们长弓手的射程内后必将被覆盖在箭雨之下。在敌人进一步靠近时，由火枪手再送上致命的弹丸。当敌人接近其射手部队的时候，射手就转身退入长枪兵的阵列之后以获得保护，让敌人一头撞在枪林上，并在此时出动重骑兵，从两翼向敌人发动最后的致命一击。最后，在敌人溃散后派出轻骑兵追击，追杀敌人的溃兵，毕其功于一役。

历史是一门严肃的学问，在没有证据之前，我们不能随便断言"大胆查理"在穿越前是《全面战争：

▲ 身着全套哥特式铠甲（Gothic armour）的骑士

中世纪》的玩家，但查理在军事改革方面表现出的完美主义倾向，使我们不得不做出这一联想。

在获得了这样一支在各方面都远超同时代水平的完美军队之后，"大胆查理"按照穿越者的既定套路，开始了他雄心勃勃的霸业。

一个人的命运啊，当然要靠自我奋斗，但是也要考虑历史的进程。

CHAPTER 2

穿越者查理和他失败的
冒险之旅（下）

"大胆查理"的对手们

当查理以梦幻开局开始扩张其霸业的时候，他的国王大表哥[1]路易十一（Louis XI）还是一个苦哈哈的小角色。路易十一接手的是百年战争结束后残破不堪的法兰西，当时的意大利旅行者在穿越法国时写道："除了城堡，没有一面直立着的完好的墙。"他的领土被各大贵族的领地挤压着，其中势力最大的就是他的表弟"大胆查理"。

因为百年战争中英国人曾长期占据上风，所以作为英国的盟友，勃艮第的领地完好无损。此外，经过三代勃艮第公爵的经营，"大胆查理"拥有现在法国的上下勃艮第地区、佛朗什 - 孔泰大区、阿图瓦地区、佛兰德（现比利时）、卢森堡、那穆尔、尼德兰（现荷兰）的广大领土，几乎和法王的领地一样大，而其领地内的经济基础和科技发展水平则比法王领地内的强得多。

在这种君弱臣强的态势之下，

▲ 法国国王路易十一，绰号"万能蜘蛛"

---

[1] 路易十一实际上是查理的堂哥，大表哥是笔者开玩笑的称谓。

"大胆查理"初期对他的国王大表哥一度采取友善和宽容的政策，这在很大程度上是因为两人在少年时代曾一起生活了五年并且相处得不错。但俗话说："谈钱伤感情，占地伤人命。"当"大胆查理"发现国王大表哥竟然窃取自己在索姆河流域的领地时立刻勃然大怒，拉上波旁公爵和布列塔尼公爵等几个大佬组成"公益同盟"，联合反对路易十一。1465 年查理包围巴黎的时候，路易十一才如梦初醒地发现查理是跟他玩真的。他的旧式封建军队无力对抗"大胆查理"的超时代新军，于是他只好服软，和公益同盟缔结了和约。"大胆查理"的表哥法王路易十一是一个志大才疏的无赖，他实力虚弱且缺乏军事才能，但有一种顽强的韧性，始终不放弃统一法国的愿望。签约不到两年，路易觉得自己的军队恢复得差不多了，就又开始来硬的，他撕毁和约重启了统一进程。"大胆查理"一不做二不休，在 1468 年指挥大军彻底击溃了法王的军队并俘虏了大表哥，一点儿也没给国王留面子。路易十一这一次没法耍赖，乖乖地把索姆河流域的土地和城市还给了"大胆查理"。

尽管"大胆查理"是一个很有格调的穿越者，没有开后宫，但是好不容易穿越到古代，不娶个公主怎么像话，于是查理羞辱性地向路易十一提出，要以香槟地区作为聘礼，娶表哥的女儿。当然，这只是为了羞辱法王，最终并未成事。志向高远的查理后来娶了英王爱德华四世的妹妹，也就是老约克公爵理查德的女儿玛格丽特（Margaret of York）。这次联姻使得查理可以源源不断地获得英国的长弓手，并稳定了容易叛乱的佛兰德地区。

接连的挫折和惨败让路易十一认识到，无论他在军事方面如何努力，也不可能战胜"大胆查理",于是他转向发挥自己的天赋——外交。不知道是"大胆查理"小时候给表哥讲过《纸牌屋》的剧情还是怎么的,路易在外交方面相当有天赋,他很快就停止建设和扩充他那不中用的军队,开始进行"金元外交",暗中支持"大胆查理"治下的自由城市叛乱。"大胆查理"整日四处奔波镇压叛乱,自然没有时间挤对自己的大表哥,路易十一因此获得了喘息的机会。

为了防止"大胆查理"再次拿自己开刀,路易发挥了温情攻势,主动缓和了与表弟的关系,同时竭力劝说表弟向东发展,拿下阿尔萨斯和洛林。如果说路易十一是一个志大才疏的无赖,那么,"大胆查理"就是一个项羽式的莽夫,他居然天真地听从了表哥不怀好意的建议,于1469年开始攻击莱茵河左岸的贸易城市。路易一边在表面上支持表弟的扩张行动,一边开始频繁的外交活动,挑动东面的神圣罗马帝国治下的德意志诸邦和瑞士联邦对查理采取行动。1473年,在路易的怂恿和默许下,"大胆查理"很不明智地要求神圣罗马帝国皇帝腓特烈三世封他为勃艮第国王,这使得本来就对查理的扩张行动忧心忡忡的周边势力更加恐慌,急于寻求联盟以图自保。

路易的一系列阴谋和外交行动大获成功,"大胆查理"在东面的一系列鲁莽的扩张行动引起了神圣罗马帝国和瑞士诸邦的恐慌。在路易的鼓动和挑唆下,神圣罗马帝国、洛林公爵和瑞士联邦组成了反勃艮第同盟,以应对野心勃勃的"大胆查理"。到1474年,"大胆查理"实际上陷入了一个危机四伏的反勃艮第包围圈,东面是敌对的神圣罗马帝国、瑞士联邦、阿尔萨斯和洛林，西面是心怀叵测的国王大表哥。因为一系列成功的外交手段，路易十一这个军事上的无能之辈被人称为"万能蜘蛛"，他诡计多端的形象时至今日依然留在银幕上——美剧《权力的游戏》中的阴谋大王阉人瓦里斯就是以路易十一的一部分事迹为蓝本而创造的。

"大胆查理"本人对危机的来临浑然不觉，他兴致勃勃地吞下一块又一块土地，一切看起来顺风顺水。1475 年，"大胆查理"的大舅子英王爱德华四世与法王路易十一签订《皮基尼条约》，路易十一向英王支付了一大笔钱，使其承诺放弃对法国王位的继承要求，这在事实上使英国和勃艮第的联盟关系破裂。至此，"大胆查理"的最后一个盟友也被法王大表哥的"银弹"和计谋击倒，查理终于发现自己处于四面楚歌的境地，四面八方全是敌人。但直到此时，查理依旧满不在乎，这种超级自信并非空穴来风，因为他亲手打造的那支超时代新军已经扩充到了相当的规模，因此，查理根本没有寻找任何外交途径来缓和糟糕的外交形势，他决定直接来硬的。

来自阿尔卑斯山的疯子

经过一系列小规模的互相试探后，"大胆查理"首先按捺不住了，他率一万多人进攻了阿尔萨斯和伯尔尼之间的格拉松要塞。格拉松是一座大型的石制城堡，防守相当严密，但查理的新式大炮发射的铁弹对旧式的石制城堡来说是毁灭性的，"大胆查理"用一天时间就轰塌并攻克了格拉松城堡。为了恐吓对手，查理屠杀了所有被俘虏的守军，这在当时是一种令人侧目的残暴行为，中国有句古话叫"杀降不祥"，这一切似乎预示着查理此后的命运。

反勃艮第同盟在路易十一的支持下迅速组织起一支两万人的瑞士军队前来反击。瑞士步兵是当时欧洲最危险、最残酷的步兵，他们是生活在阿尔卑斯山区的自由民，以类似希腊城邦的方式结成松散的联邦，他们生活的地区相当贫瘠，使得他们常常贫穷到除了自由一无所有的地步，因此，他们不惜用生命来捍卫自己仅有的东西。

他们的军队用长4~5米的长枪和长2~3米的戟组成方阵作战，乍一看有些像复活的马其顿军团，实际上却大不相同。马其顿方阵的本质是防御性的，通常先由两翼的骑兵把对手逼到方阵前方，再由方阵粉碎之，瑞士人的方阵却是可以进攻的。他们的战士都是同乡或邻居，从小一起接受长枪训练，熟练度和配合度都相当高，能在战场上完成集结和编队任务，还能以相当密集的队形高速通过各种复杂地形并发起进攻。

这是基于瑞士人独特的山民文化和组织特点而形成的军队，在14世纪曾多次血洗试图奴役他们的哈布斯堡军队。在1386年的森帕赫战役中，他们甚至杀死了奥地利大公利奥波德三世。多次战胜并屠杀人数几倍于己的重装骑士部队使得瑞士人十分桀骜。他们有两条铁律：一是不对同胞作战，瑞士人不打瑞士人；二是作战要凶残，绝不留一个俘虏。到15

世纪，瑞士联邦已经到了无人敢惹的地步，并且开始插手周边诸国的纷争。

在得到瑞士人即将到来的消息后，查理十分谨慎地把军队布置在一片森林中的斜坡上。查理认为：一方面，面对一片开阔地，勃艮第军队可以居高临下地发挥其远程火力的优势；另一方面，森林能够降低瑞士军队的机动性，迫使瑞士军队向山坡下的开阔地集中，进而被迫承受勃艮第军队的火力覆盖，并且不得不仰攻勃艮第军。查理布置了很多长枪手以保护射手和火炮阵地，希望在瑞士人仰攻受挫后，由骑士发起一拨自上而下的致命冲锋。

不得不说，查理的安排充分体现了一个穿越者高超的战术素养，他充分地考虑了地形、火力、机动性等因素，正确地选择了战场并合理地配置了火力，跨时代地玩起了多兵种协同作战。按照穿越小说的情节，接下来查理的军队就应该屠杀没有技术含量的瑞士山民了，但真正的历史显然和脑残小说的发展脉络很不相同。

（一）格拉松的小挫折

1476 年 3 月 2 日，瑞士军队向勃艮第军的预设阵地发起了进攻。这和查理的预想一模一样，查理在窃喜，但他没意识到自己的斥候[1]压根儿没搞清楚瑞士军队有多少人——他们比查理预想的多得多。瑞士人先派出了一些散兵部队对勃艮第军进行骚扰。查理命令步兵出击，很快就击败了这些散兵。看到勃艮第步兵阵线出现了松动，埋伏在两侧森林里的

---

[1] 古汉语词语，指古代的侦察兵。

瑞士人突然冲了出来，并在一瞬间完成了集结。他们结成三个大方阵，像三辆插满了长矛的轧路机，瞬间碾轧了追击瑞士散兵的勃艮第步兵，并高速冲向了勃艮第军的阵地。

▲ 瑞士人致命的长枪冲锋

战事的发展大大出乎查理的意料，他马上下令炮击瑞士方阵。以瑞士方阵的密集程度而言，弹道平直的加农炮每一炮都能轰出一条血胡同，但瑞士人跑得太快了，超过了勃艮第人调节大炮仰角的速度，炮弹纷纷越过瑞士人的头顶飞向他们身后。情急之下，查理命令自己的敕令骑士部队从两翼向瑞士人发起突击。长矛方阵的侧面通常是其命门所在，这是古典战争的常识，查理显然也深谙此道，但瑞士人两翼的两个方阵突然停下，把长枪向外，变成了两只大刺猬来掩护中央方阵的两翼。于是，带头冲锋的几个敕令骑士一头撞进了密集的枪林，落马后被瑞士戟兵杀死。后面的骑士见状纷纷勒住马，在瑞士弩手的近距离打击下，他们被迫只能撤退。

此时，瑞士人的中央方阵已经接近勃艮第军的阵地，勃艮第军的长弓手和火枪手给瑞士人造成了一些伤亡，但瑞士人不为所动，顶着密集的火力冲进了勃艮第军的阵地。负责保护射手和炮兵的德意志长枪兵首先溃散，然后射手也转身逃走，炮手也丢弃他们所有的大炮跟着跑路了，最后查理本人也不得不在几个侍卫的保护下骑马逃离了战场。

此战瑞士军伤亡了 200 人左右，勃艮第军伤亡了 300 人左右，查理和随从安全逃脱。因为瑞士山民没有骑兵，无法追击勃艮第军，导致双方

▲ 瑞士人的亡命冲锋使勃艮第军全军逃散

▲"大胆查理"面对全军溃奔,无奈之下撤离了战场

伤亡都不大,但勃艮第人失去了所有的新式大炮。

"大胆查理"的新式军队和战术在此战中未能奏效,让他非常懊恼。贫穷的瑞士佬占领了查理的营地后,席卷了查理营帐里的奢华陈设,查理私人物品的精美和华丽程度让这些乡巴佬瞠目结舌,他们还在卢塞恩办了一场展览来展示这些战利品。

但这点儿损失还打不倒"大胆查理",他迅速改组了军队。他首

▲ 本文作者经常使用的"大胆查理"同款头盔和手甲(现代复制品)

▲ 炮身上所刻的"大胆查理"的徽章

先重建了炮兵，并重新铸造了可以用螺栓调节发射仰角的新式野战炮。为了对付瑞士人的密集长枪阵，他吸取了英格兰人1298年在福尔柯克会战（Battle of Falkirk）中战胜苏格兰长枪方阵的经验，招募了更多的长弓手。在他的努力之下，勃艮第军队很快就从失败的低落情绪中恢复过来，查理摩拳擦掌地准备向瑞士人复仇。

▲ 瑞士人在格拉松战役中缴获的查理的私人物品

THE BISHOP OF DURHAM'S CHARGE AT FALKIRK (see page 34).

▶ 福尔柯克会战。英格兰人用长弓手远距离射爆了苏格兰的长枪方阵，然后，骑士冲进方阵砍杀，击败了威廉·华莱士

兵者不祥

（二）穆尔滕（Murten）的豪赌

1476 年 5 月，"大胆查理"拿出了自己的全部家当——5000 名骑兵（其中重装骑兵 2000 名）、4000 名长弓手、12000 名步兵（其中包括数量不详的火枪手和热那亚弩手）和武装有 20 门新式野战炮的炮兵，共 22000 人的军队——进攻瑞士重镇伯尔尼，这简直是当时欧洲最高军事科技和顶级兵种的大展览，查理本人也自信满满。

6 月 11 日，查理进攻拱卫伯尔尼的要塞穆尔滕，但因为恰逢雨季，进攻很不顺利。到了 19 日，查理又等来了他的克星兼灾星瑞士人，这次是洛林公爵指挥的反勃艮第联军。联军有 26000 人，拥有人数上的优势，而查理可以自主选择战场，拥有火力和地形上的优势。

查理为了阻挠瑞士人疯狂的长枪冲锋，采取了和格拉松战役类似的战术，他把战场选择在一个山谷里，并且在穆尔滕湖北边挖了一道壕沟，蜿蜒包围了东南部的小山，这是为了防止联军迂回包抄勃艮第军。查理本人率领英国长弓手部队和野战炮部队在东南边的小山上构筑了阵地，同时派遣共 4000 人的热那亚弩手和火枪手部队防守东北部的小山，这样无论联军从山谷里向哪一个方向进攻，都将处于勃艮第军交叉火力的攒射之下。

上帝再次跟查理开了一个大玩笑，6 月 21 日天降大雨，查理所有的火炮和火枪都不能使用了，降雨还导致长弓受潮，威力和射程都下降了，而且箭的尾羽沾水也会脱落。瑞士人当然明白这是天赐良机，于是他们决定立刻动手。瑞士人在 21 日夜里偷偷进入了查理的预设战场，但查理竟然对此一无所知，6 月 22 日查理才发现阵地前面全是瑞士兵。万幸的是，大雨此刻终于停了，查理布置的交叉火力开始奏效，野战炮、十字钢弩、长弓和火绳枪对着密集的瑞士军团猛烈开火，进攻东北山坡勃艮第军阵地的伯尔尼和施威茨军团在一个小时内就伤亡了五分之一！

如果查理面对的是同时代的其他任何一支军队，仗打到这里已经算是赢了。因为即使在第二次世界大战期间，一支伤亡达到 20% 的部队也是要退出战斗的，以伤亡承受力高而著称的苏联军队也不过能承受 30% 而已，更别提古代了。在古代战争中，一方常常伤亡不到 10% 就崩溃了，惨重的伤亡常常是由胜利一方对败兵的追击和屠杀造成的。

但查理面对的是瑞士人，这些阿尔卑斯山下的山民顶着箭雨和火雨，爆发出野兽一样的齐声吼叫，把一排排长矛放平，继续朝山坡快速推进。临近中午的时候，太阳突然出现在云层中，阳光直射东北山坡的勃艮第射手阵地，弩手和火枪手都被强光照得睁不开眼。瑞士人知道机会来了，他们一鼓作气，对着勃艮第军的阵地发动了经典的轧路机式突击。为钱而战的热那亚雇佣弩手被这些不怕死的疯子吓坏了，他们立刻发挥了自身天赋，脚底抹油似的逃跑了，来不及逃跑的则全被瑞士人穿成了烤串儿。

当查理在东南方的火炮阵地发现东北方的阵地失守时，立刻派出敕令骑士部队前去支援，但是和格拉松战役一样，敕令骑士拿处于防御状态的长枪方阵一点儿办法也没有。他们的骑枪只有三四米长，而瑞士人的长枪却常常在五米以上，在他们刺到瑞士人之前自己至少也要吃上

　　　　　　　　　　　　　　　　　　　　　兵者不祥

四五枪。纵马践踏瑞士人也是不可行的,这不是在玩《骑马与砍杀》游戏,战马也不是坦克,即使最烈的雄性披甲战马也不愿意冲进枪阵里。骑士精良的甲胄虽然可以抵御刀剑的攻击,却挡不住瑞士人的长枪突刺和长戟的劈砍。

查理本人的状态也不乐观,他依靠新式野战炮和长弓手暂时阻滞了瑞士人的致命突击,并且持续地给瑞士人造成了伤亡,但瑞士人始终死战不退且越逼越紧。即使这样,查理还是努力地分兵,试图夺回东北面的阵地,双方就这样僵持到了中午。查理最担心的事终于发生了,洛林军和瑞士人突然出现在查理的背后,他们迂回包抄了查理的后路,随后直接发动了长枪冲锋。在席卷了查理的步

▲ 瑞士人简单又野蛮的长枪方阵突击战术又一次奏效

▲ 瑞士人歼灭了查理的大部分步兵和全部炮兵

兵和射手之后，瑞士人转向东北方肃清残敌，查理带着为数不多的侍卫骑兵夺路而逃。

因为查理精心挑选的战场是一个山谷，不利于逃跑，疯狂的瑞士人杀红了眼，勃艮第军至少阵亡了 12000 人以上，炮兵再次全军覆灭。瑞士人遵循铁律，没有留一个活口，死者的衣甲也均被洗劫一空。查理组建的超时代新军就这样被彻底摧毁了。

"大胆查理"的末路

"大胆查理"失去了他的新式军队，也就随之失去了争夺霸权的资格。勃艮第公国领土内的叛乱势力也蠢蠢欲动，查理为了镇压叛乱整日疲于奔命。对于法王路易十一来说，查理早已失去了威胁，他打算动手吞并查理的领土，但他还是对表弟的军事天才有所忌惮，因此，这只狡猾的蜘蛛最后还是选择了借刀杀人。

1476 年 10 月，洛林公爵攻陷了勃艮第东部城市南锡（Nancy）。此时的查理还远没有从穆尔滕的毁灭性失败中恢复过来，他的军队太少，战斗力也大不如前，但他还是毅然率军前往迎战。这明显是一个圈套，而背后的主使很可能是法王，他已经对勃艮第的土地和财富迫不及待了。

　　　　　　　　　　　　　　　　　　　　兵者不祥

"大胆查理"到达战场之后发现这果然是一个圈套，洛林军有 25000 人之多，是勃艮第军的两倍，而且对方还雇用了两个瑞士军团。对查理来说，这是一个灾难，但查理没有考虑任何外交手段，而是选择再次跟这些凶悍的山民正面作战。

　　南锡战役（Battle of Nancy）的过程乏善可陈。作为一个穿越者，查理偏执地迷信兰开斯特方程[1]，又一次顽固地把阵地布置在了山坡上。然而，他已经没有那么多新式大炮可用了，也没有钱再去雇用德意志的长枪兵，他效仿阿金库尔战役时英国人的做法，让所有的骑士下马保护射手和火炮阵地，而把所剩不多的火炮和长弓手布置在阵地中央。查理大概是希望能以此迫使瑞士人进攻阵地的正面，从而尽可能地加大枪炮的杀伤力。

　　洛林军和瑞士人知道勃艮第军的人数处于绝对劣势，不可能分兵防守，因此大胆地从山间迂回到了查理的背后，居高临下地发起了攻击。查理做了最后的努力，指挥炮兵、下马骑士和长弓手一举击溃了洛林军队，但此时瑞士人再次

▲ 剥取战死者的盔甲装备自己是瑞士山民一贯的传统，所以，他们身上经常穿着不同时期的各种盔甲

---

[1]　"一战"期间诞生的关于集中火力投射的战争理论。

杀了出来。拜查理这个运输大队长所赐，瑞士长枪兵的盔甲已经不比勃艮第骑士差多少了，长弓手对他们的杀伤力非常有限，装备精良的下马骑士也无法阻挡他们不顾一切的长枪冲锋，勃艮第军再一次溃败了。

"大胆查理"本人死战不退，随后被瑞士人的长枪突击一拨带走，淹没在长枪林里不知所踪。

▲ "大胆查理"的女儿玛丽（Mary of Burgundy），她是末代勃艮第大公，也是一位奇女子

三天后，人们在山谷中的一个小湖里发现了"大胆查理"的尸体，他华丽的盔甲已全被剥走，脑袋上挨了致命的一戟。

"大胆查理"没有男嗣，他死后，其大部分领土均被"蜘蛛国王"路易十一所吞并。他的独女为了保住剩余的领土嫁给了后来的神圣罗马帝国皇帝马克西米利安一世，把路易十一朝思暮想的佛兰德和尼德兰作为嫁妆带给了神圣罗马帝国，彻底断绝了法王的单相思。

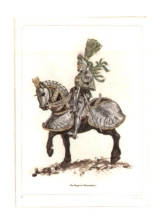

▲ "大胆查理"的女婿，后来的神圣罗马帝国皇帝马克西米利安一世

作为那个时代运气最好的穿越者，"大胆查理"的军事才能无与伦比，他的军事思想影响了后世几百年，他悲剧性的失败也标志着穿越者几乎注定的宿命——一个人的命运，当然要靠自我奋斗，但是也要考虑历史的进程。

▲ 1477 年 1 月 8 日，人们在湖里发现了"大胆查理"的尸体

▼ "大胆查理"的衣物和盔甲均被瑞士人剥去，被发现时赤身裸体

附注：

1.中世纪欧洲国家之间错综复杂的政治关系不能用现代民族主义的眼光去看，英王、法王和勃艮第公爵实际上都是亲戚，而国家只是他们的私产，所以，文中的"二五仔""法奸"等说法均为开玩笑，当时的人并没有近代的国家与民族的观念。

2."大胆查理"最伟大的成就之一就是用生命证明了穿越小说里主人公用近现代军事技术和思想构建的古代军队能够战无不胜一说完全是一派胡言。遗憾的是，时至今日，这类小说依然颇有市场。不过，只要越来越多的人能认真地读完本文，穿越者查理以他的天才与雄心及执拗和莽撞所进行的冒险事业就不算徒劳。

CHAPTER 3

转动历史之人——
"大明苏武"的内亚奇行记

1388年（洪武二十一年）3月，永昌侯蓝玉指挥的明军在捕鱼儿海（今内蒙古呼伦贝尔草原边缘的贝尔湖，一说达来诺尔湖）附近发现了北元皇帝孛儿只斤·脱古思帖木儿的汗庭，在明军以摧枯拉朽之势发动的突袭中，北元政权的残存势力被彻底消灭，明朝赢得了这场旷日持久的拉锯战的最终胜利。然而，在八年前，即1380年9月，罗斯诸邦在莫斯科大公德米特里·顿斯科伊的率领下，在库利科沃战役中以极大的代价决定性地击败了蒙古金帐汗国的军队，赢得了俄罗斯民族解放战争的第一场惨胜。至此，从伏尔加河畔到蒙古高原，成吉思汗留下的庞大帝国开始土崩瓦解，"黄金家族"的后裔们在蒙古帝国的废墟上互相攻伐，至死不休。

▲ 罗斯反抗金帐汗国的民族独立之战——库利科沃战役，赢得了亚洲反抗蒙古帝国统治的第一战

重重迷雾之后的神秘驸马

　　在蓝玉俘虏的数量庞大的北元俘虏中，一支来自撒马尔罕的商队引起了明太祖朱元璋的注意，因为在捕鱼儿海战役的前一年（1387年），自称"察合台汗国驸马"的撒马尔罕统治者曾派回回满剌（毛拉，伊斯兰教学者）哈菲兹为使者向明太祖进献了十五匹马和两头骆驼。明太祖朱元璋当时还不知道西察合台汗国已经灭亡，他认为与控制西域的蒙古诸汗国保持良好的关系，可以预防残存的北元势力与其勾结，危害明帝国的西北边境。因此，明太祖虽然弄不清这位自称驸马的帖木儿是何方神圣，还是赐予他的使者"白金一百八锭"，并派人护送其返回。在捕鱼儿海战役中俘获撒马尔罕商队的消息进一步加深了朱元璋对北元势力和其他蒙古势力勾结一事的忧虑，因此，朱元璋谨慎地派人送还了这支商队，对这位身份可疑的"驸马"相当友善。

　　让明朝君臣颇感疑惑的这位"驸马"其实就是帖木儿帝国的缔造者，即威震中亚的"跛子"帖木儿。他于1336年4月8日出生在撒马尔罕以南的渴石（今沙赫里萨布兹），他的父亲塔剌海是蒙古巴鲁剌思部的首领，这个部落作为征服者在成吉思汗征服花剌子模时就进入了中亚，和被征服者（信奉伊斯兰教的突厥人）混居在一起。到帖木儿这一代时，其突厥化程度已经很深，帖木儿本人就是一个喜爱波斯文化、说察合台语、信奉伊斯兰教的突厥化蒙古人。

尽管帖木儿的语言文化和生活方式都已不那么"蒙古"，但他深知其蒙古祖先的残酷征服在中亚威名赫赫，并且很巧妙地利用了这一点。在东西察合台汗国互相攻伐的混乱中，帖木儿一会儿利用善战的蒙古部落之名东征西讨，用蒙古军队的恐怖威名恐吓当地人，一会儿又以异密[1]的身份拉拢当地的穆斯林。他今天投靠这个，明天投靠那个，进行了一系列的"见人说人话，见鬼说鬼话"的军事投机活动。1370年，帖木儿杀害了他的盟友和朋友异密忽辛，攫取了河中地区的统治权。他深知要巩固河中的统治，必须继续借助蒙古人的威名，而他本人的血统和身份都无法帮助他做到这一点，于是本着"朋友妻不客气""汝妻子吾养之"的原则，帖木儿毫不客气地收下了好朋友忽辛留下的小寡妇，而这个寡妇正是察合台汗国哈赞汗（1343年至1346年在位）的女儿。于是，帖木儿顺理成章地成了"察合台汗国驸马"，这一厚颜无耻的行为让帖木儿和"黄金家族"攀上了亲，在诸多的蒙古势力中赢得了一个合法的身份。其后，帖木儿又迎娶了穷途末路的东察合台大汗黑的儿火者的女儿（一说为宗室女）塔瓦卡勒公主，成了名副其实的"双料驸马"。

当上"双料驸马"之后，帖木儿的投机生意像开了挂一样顺风顺水，他不断地扩张自己的地盘。其间，撒马尔罕商队带来了元朝被明朝灭亡、残元向北逃亡的消息，这给了帖木儿很大的震撼。此时他的大麻烦来了，他一手扶植起来的金帐汗国大汗——成吉思汗的长子术赤的后人——脱脱迷失跟他闹翻了，两人在中亚和南俄大打出手。脱脱迷失是正经的"黄

---

[1] 又译作埃米尔，此处指伊斯兰教国家的军事长官。

金家族"后裔，身份远比帖木儿的"双料驸马"高贵，形势一度对帖木儿相当不利。本着"敌人的敌人就是朋友""凡是跟'黄金家族'对着干的就要拉拢"的原则，帖木儿向遥远的明朝派出了使团，试图与明朝建立相对亲善的关系，以免明朝在他与脱脱迷失作战时乘机收复西域和中亚的汉唐故地（其实不可能），或者随便释放几位正儿八经的"黄金家族"后裔来中亚给他捣乱（很有可能）。帖木儿在军事上的才能可能不及成吉思汗，但他在政治上的狡猾远胜他的这位"祖先"。帖木儿利用明朝渴望被承认其为元朝继承者的心理，以元朝对察合台汗国拥有宗主权的名义（其实不靠谱，元朝和察合台汗国经常互掐），以及察合台汗国驸马的身份对明朝进行了多次朝贡。明朝果然很吃帖木儿的这一套，想都没想就认可了他的驸马身份，对前来朝贡的使者薄来厚往，大加封赏。

14 世纪末的国际玩笑

1394 年，帖木儿与脱脱迷失的战争进入了关键性的决胜阶段，帖木儿对明朝的忽悠也达到了最高峰。这一年，他派遣使者迭力必失向明朝贡马二百匹，并且上了一道贡表："恭惟大明大皇帝受天明命，统一四海，仁德洪布，恩养庶类，万国欣仰。咸知上天欲平治天下,特命皇帝出膺运数,为亿兆之主。光明广大，昭若天镜，无有远近，咸照临之。臣帖木儿僻在万里之外，恭闻圣德宽大，超越万古。自古所无之福，皇帝皆有之；所未服之国，皇帝皆服之。远方绝域，昏昧之地，皆清明之。老者无不安乐，少者无不长遂，善者无不蒙福，恶者无不知惧。今又特蒙施恩远国，凡商贾之来中国者，使观览都邑城池，富贵雄壮，如出昏暗之中，忽睹天日，何幸如之！又承敕书恩抚劳问，使

▲ 帖木儿的外交手段相当高，他很少像成吉思汗那样同时在多个战场作战

站驿相通，道路无壅，远国之人咸得其济。钦仰圣心，如照世之杯，使臣心中豁然光明。臣国中部落，闻兹德音，欢舞感戴。臣无以报恩，惟仰天祝颂圣寿福禄，如天地永永无极。"

这通惊天动地的马屁不但文采飞扬，而且将明太祖的心理揣测得非常精准，其行文和溜须水平之高，只有后来的李氏朝鲜君主可比，明显不是帖木儿的手笔。"受天明命""圣寿福禄，如天地永永无极"这些词语更是与帖木儿的伊斯兰信仰格格不入。更何况，帖木儿毕生信奉成吉思汗的经典段子："天上无二日，地上无二主。"他自己还对这个段子进行了再创作："世界上任何人烟稠密的地方都不必有两个国王。"因此，真相是显而易见的：要么国书（贡表）是伪造的，要么国书（贡表）在哈密道[1]的转译过程中，经过了非常严重的艺术加工。

—————————
[1] 明代地名。

▲ 帖木儿时代的残暴战争往往伴随着大规模的屠杀、纵火、投毒和水源破坏

考虑到在明朝二百多年的历史中，只有沈惟敬干过伪造国书、一次性忽悠两位国家元首（明神宗与丰臣秀吉）这种事，学界一般倾向于第二种意见。关于这封国书，不管我们信不信，反正明太祖是信了，而且大喜过望，当场重赏了帖木儿的使者，并且"嘉其有文"。次年（1395年），明太祖念起帖木儿称臣纳贡的恭顺，心里依然美滋滋的，于是派遣兵科给事中傅安、郭骥、御史姚臣、中官刘惟，以及官兵1500人，组成了一个规模空前的庞大使团，前往帖木儿帝国答谢[1]。

危机四伏的西行之路

1395年（洪武二十八年）夏，兵科给事中傅安在对这场严重的外交事故一无所知的情况下，踏上了生死未卜的西行之路。

傅安是河南太康人，出身低微，因此，其生辰年月都不详。他在明初任南京后军都督小吏，后历四夷馆通事、舍人、鸿胪寺序班，这在当

---

[1] 原文为："明年，命给事中傅安等赍玺书、币帛报之。"

时都是被其他读书人看不起的偏门职业，因此，傅安的仕途也比较惨淡。1394 年（洪武二十七年），他才做到正处级干部（兵科给事中，正七品），但是在四夷馆当通事期间，傅安学会了当时在中亚和西亚通行的上层语言波斯语，为他的出使打下了基础。

当时，明朝定都南京，西北边境经常受到北元残存势力的骚扰，大小官员都视西行为畏途，因此，出使帖木儿帝国这种苦差事就落到了出身小吏的边缘人傅安的身上。

因为北元的骑兵依然游荡在蒙古高原，因此，傅安一行人不得不走艰险的南路进入西域，他们自酒泉出嘉峪关后，"西行八百里，抵流沙（今新疆罗布泊附近白龙堆沙漠）"，又"西北行二千余里，至哈梅里（今哈密）"，再"西涉瀚海（大戈壁）……行千三百里，

▲ 傅安一行出发之时，帖木儿正在入侵格鲁吉亚，并在那里进行大肆杀戮和破坏

至火州（今吐鲁番）"，之后再行两千里，到亦剌八里（今伊犁），出伊犁后再西行三千里，终于到达了今天乌兹别克斯坦的撒马尔罕。这条路线相当迂回，几乎从南向北纵穿了西域，全程近万里，途中还有无数充满死亡危险的戈壁沙漠，可谓一路艰险。然而，傅安并不知道，更大的危机正在前方等着他们。

波斯史学家毛拉那·谢里夫丁·阿里所写的《帖木儿武功记》记录了傅安一行人来到帖木儿帝国的场面："1396 年冬，帖木儿在西红河（锡

▲ 波斯细密画中明朝使臣觐见帖木儿帝国君主的场面。经笔者考证，这三人并非傅安等人，而是帖木儿之子沙哈鲁时代的使臣，但场面应该差不多

尔河）畔乞那斯城度冬时，契丹国皇帝唐古司汗（Tanghus khan）之大使至，携带珍异礼物。"[1]

　　按照傅安等明朝使节的理解，既然帖木儿已经在国书中自称"臣帖木儿""臣国中部落"，那么明朝对帖木儿自然要按臣子之礼而待，他们完全不知道那封文采飞扬的"国书"已经把双方置于一个国际大玩笑之中。更重要的是，就在傅安长达一年的漫漫旅途中，帖木儿已经在与脱脱迷失的战争中取得了决定性的胜利，攻陷了金帐汗国的首都萨莱（今俄罗斯阿斯特拉罕西北），并追击脱脱迷失至奥卡河畔的梁赞。此时，帖木儿

---

[1]　此书中译版翻译有误，Cathay 应翻译为"中国"而不是"契丹"，唐古司汗实际为"桃花石汗"的误译，"中国皇帝桃花石汗"即明太祖。

在西方最强大的对手奥斯曼帝国苏丹"雷霆"巴耶塞特一世把全部精力都投入了对欧洲的战争，立志夺取拜占庭帝国的首都君士坦丁堡，无暇顾及与帖木儿的纠纷。在明朝使团到来的1396年冬天，帖木儿帝国西、北、南三面的威胁都已解除，获得了一个相对安定的局面，对明朝的态度自然也发生了变化。

▲ 帖木儿在俄罗斯与曾经的盟友金帐汗国可汗脱脱迷失展开轮番大战，并决定性地击败了他

杀气腾腾的朝堂争论

因此，当傅安以天朝上国使臣的身份晓谕"臣子"帖木儿的时候，后者不干了，史载帖木儿"骄倨不顺命，谓中国去我远，天子无如我也"。傅安一听说好称臣的帖木儿不认了，也不干了，对帖木儿"反复开谕"，此时他一定不知道，他正在用生命跟人类历史上数一数二的暴君争论。

尽管帖木儿不是成吉思汗的直系后裔，但不得不说，他深得成吉思汗恐怖主义心理战的精髓，

▲ 性格阴鸷的暴君帖木儿

任何胆敢反抗他的村庄和都城都会遭到他不分种族和信仰的无差别大屠杀。他还命人将被屠杀者的头颅、血肉和泥土混在一起，筑成一座座人头塔，耸立在被征服地区的土地上，恐吓还活着的居民，彻底摧毁他们的心理防线。从咸海到波斯湾，帖木儿征服的领土上筑起了一座又一座人头塔，无声地宣扬着他的残暴和赫赫武功。帖木儿还玩出了许多新花样，比如把人的头颅装入大炮对着敌人发射，光是火焰和硝烟夹着尸块喷射的骇人景象就已把许多敌人吓得不战而逃。在这种"杀人诛心"的战法下，中亚桀骜的突厥人和蒙古人，以及西亚文明程度较高的波斯人和阿拉伯人，全都对帖木儿俯首称臣，正如他们的祖先对成吉思汗那样。

傅安不但对自己所面临的危险浑然不觉，还想吓唬帖木儿。他告诉帖木儿，大明朝"富强振古莫比"[1]。打垮了周边一系列强权的帖木儿当然不信这一点，却对这个大胆的明朝使臣产生了兴趣，便"讽安使降"[2]。傅安一听急了，开始跟帖木儿正面较量，"与论议词气侃侃"[3]，反讽帖木儿："吾天朝使臣，可从汝反耶？"[4] 按照帖木儿的秉性，谈崩就意味着大开杀戒，可是这位暴君做出了一个耐人寻味的决定。

也许是被傅安倔强而勇敢的性格所打动，也可能是这位暴君的别出心裁，或是虚荣心所致，帖木儿没有让明朝使团返回中国，而是强迫他们开始了一次古怪的公费旅行——游历帖木儿所征服的广大领土。傅安

---

[1] 大意为：（中国）从古到今没有比明朝更强大的朝代了。
[2] 大意为：我觉得你们明朝不行，跟我混吧。
[3] 大意为：气势和话语一点儿都不尿。
[4] 大意为：我是天朝派来的使节，跟你混，开什么玩笑？

兵者不祥

一行人在这位暴君的威胁下，被迫开始了这次奇特的内亚之旅。

屠刀之下的内亚奇行

史载傅安一行人"由小安西（河中）至讨落思（今伊朗大不里士），又西至乙思不罕（今伊朗伊斯法罕），又南至失剌思（今伊朗设拉子），还至黑鲁（今阿富汗赫拉特）诸城，周行万数千余里"。

这一趟屠刀下的公费旅行，让明代的中国人第一次到达了从不曾涉足的内亚深处，游览了大不里士、伊斯法罕等千年历史文化名城，亲眼见识了突厥、波斯、阿拉伯、印度等多种多样的文明类型。为了让明朝使臣深刻地领略自己的伟大，帖木儿把这次公费旅行安排得相当细致。傅安一行人在帖木儿帝国的辽阔国土上整整转悠了六年才返回撒马尔罕。这次奇特的旅行让傅安等明朝使臣成了一系列影响世界的重大历

▲ 在傅安出发的同一年，奥斯曼帝国和十字军在保加利亚北部的尼科波利斯开始了争夺东欧的命运之战，十字军战败

史事件的见证者，也成了冥冥之中扇动翅膀引起巨大风暴的那只蝴蝶。

在傅安一行人从撒马尔罕出发的同时，欧洲的基督徒们发起了中世纪最后一次十字军东征，试图拯救被奥斯曼帝国逐渐吞噬的东欧和巴尔干半岛，顺便替垂死的拜占庭帝国续命。匈牙利、法兰西王国、医院骑士团、威尼斯共和国以及来自欧洲各地的热血骑士勉强组成了一支内部矛盾重重的大军，于 1396 年 9 月 25 日在多瑙河边的尼科波利斯和奥斯曼帝国的苏丹"雷霆"巴耶塞特一世率领的土耳其军队进行决战。战争的

结果是灾难性的，十字军被奥斯曼军队歼灭大半，巴耶塞特一世只留下一些显赫的骑士和贵族作为换取赎金的人质，其余的俘虏全部被大卸八块。在收拾完欧洲人之后，这位绰号"雷霆"的君主立刻掉头东返，因为帖木儿在西亚和近东

▲ 巴耶塞特把在尼科波利斯之战中俘虏的十字军骑士大卸八块，仅留下一些身份地位较高的贵族来换取欧洲人的赎金，以继续围困君士坦丁堡

的一系列扩张活动已经严重威胁了奥斯曼帝国的安全。

明朝使团在帖木儿帝国公费旅行期间，帖木儿的扩张事业获得了突飞猛进的发展。1398 年 [1]，始终不见傅安一行人返回的明朝再次派出陈德文使团出使撒马尔罕，寻找傅安一行人的下落。帖木儿毫不犹豫地再次扣

[1] 史料中记载的是洪武三十年，即 1397 年，而实际出发时已是 1398 年 2 月。

留了明朝使臣，然后挥师攻入印度，占领了德里苏丹国的首都德里。帖木儿的军队一路"踏着尸体前进""地面上全是人的头颅和大象被砍断的鼻子"，但帖木儿似乎对印度的土地不感兴趣，屠城之后留下一堆人头塔扬长而去。1400年，他入侵了埃及马穆鲁克苏丹国统治下的黎凡特（今叙利亚、伊拉克一带）。马穆鲁克的军队曾在一百多年前击败过蒙古军队，这次却没敌过更加诡诈的帖木儿。帖木儿攻下重镇阿勒颇后又连克哈马、霍姆斯，最后在大马士革城下彻底击溃马穆鲁克苏丹，苏丹仓皇逃回开罗，把这座千年之城拱手让给了这位暴君。

▲ 帖木儿入侵德里苏丹国（印度北部）之战

　　帖木儿在阿勒颇以一位虔诚的穆斯林的身份，彬彬有礼地接见了伊斯兰教的学者们，并自诩为伊斯兰教的保护者，使学者们放下心来。他甚至还向伊斯兰教的法学家们提出了一个颇为高深的问题：帖木儿军队的阵亡者和马穆鲁克军队的阵亡者，究竟谁更有资格成为"殉道者"？然而，

▲ 帖木儿大败埃及马穆鲁克苏丹国之战

帖木儿与学者们正谈笑风生的时候，外面的帖木儿军队已经开始了杀人竞赛，《罗马帝国衰亡史》中写道：

和平的谈话进行之际，阿勒颇的街道上已经是血流漂杵，回响着妇孺的哭声和被强奸少女的尖叫。士兵们尽情地抢劫以满足贪欲，他们的残暴是因为有命令要求每人上缴一定的头颅来按照他们的奇怪风俗堆成圆柱或金字塔的形状，蒙古人在进行胜利的欢宴，幸存的穆斯林在眼泪和锁链中度过漫漫长夜。

在大马士革，帖木儿故技重演，在与伊斯兰史学家伊本哈尔顿亲切交谈后，屠杀了全部城堡守军，把无数居民赶入倭马亚大清真寺（今叙利亚大马士革大清真寺）后放火烧寺，把他们活活烧死在里面。1401 年 3 月 19 日，帖木儿离开大马士革时，这座近东名城只剩下废墟和一座又一座人头塔。

在傅安一行人返回撒马尔罕的时候，帖木儿的征服事业也几乎达到了顶峰。他摧毁了 8 个王朝和 27 个国家，累计征服了超过 1000 万平方公里的土地，占领并统治了其中差不多一半的土地，劫掠并毁灭了另一半。傅安一行人此时已经领略了帖木儿的实力和残暴，并意外地成为他赫赫武功的见证者，但他们"始终不屈节"。帖木儿既没有杀他们，也没有让他们返回，而是"竟留不遣"，直接把人扣留了。

此时的明朝，靖难之役已进入关键性阶段，再也没有人关心远在万里之外的大明使团了。

绝望的回家之路

在和明朝爆发了礼仪之争后，帖木儿与和他龃龉不断的奥斯曼帝国苏丹也打起了笔仗。他利用奥斯曼人的血统（奥斯曼人的祖先曾被蒙古人击败和奴役）做文章，侮辱巴耶塞特一世：

▲ 同时处于扩张上升期的帖木儿帝国和奥斯曼帝国不可避免地发生了碰撞，爆发了火星撞地球式的安卡拉之战

"像你这样的异密[1]，有资格和我比吗？"巴耶塞特一世回复他："我将追逐你直到讨落思和苏丹尼耶（今伊朗赞詹省）。"于是，帖木儿顺理成章地入侵了奥斯曼帝国，洗劫并毁灭了其边境城市锡瓦斯（Sivas）。正在第三次围攻君士坦丁堡的巴耶塞特不得不匆忙返回本土迎战帖木儿，一场火星撞地球式的大决战于 1402 年 7 月 20 日在今土耳其首都安卡拉的郊外打响。帖木儿的狡诈再次展现得淋漓尽致，奥斯曼军队周围的所有补给均被洗劫一空，而且每一个水源地都遭到了投毒，焦躁的苏丹急切地寻找帖木儿的军队决战，最后一头撞入了帖木儿的圈套，让十字军全军覆没的苏丹"雷霆"巴耶塞特一世就这样被帖木儿打得全军覆没，苏丹本

---

[1] 此处指小王公。

▲ 帖木儿送给明朝的贡物通常是良马和大马士革的钢制武器之类的东西，明朝则回赠金织和青花瓷

人和他的两个儿子都被俘虏。帖木儿乘势攻陷奥斯曼帝国首都布尔萨，劫掠之后弃城而去，因为他的注意力已经转向了东方。

东方新上位的明太宗朱棣此时也想起了这位远方的"臣子"，再次派出使团前往帖木儿帝国，一来询问前后两支明朝使团（傅安、陈德文）的下落，二来责问帖木儿为什么七年[1]不来纳贡。当时正在撒马尔罕的西班牙卡斯蒂亚王国使节克拉维约在《东使记》中记录了这一事件：

当我们尚在撒马儿罕之时，中国皇帝派来之使臣亦在此城。中国皇帝遣使之意，为帖木儿占有中国土地多处，例应按年纳贡。近七年来，帖木儿迄未献纳，特来责问。

---

[1] 傅安 1395 年出使，朱棣 1402 年即位，正好七年。

兵者不祥

西班牙使节克拉维约还记录了另一重大史实，就是为什么中国七年来都没有责问帖木儿：

> 及事变平息，新天子即位，方得遣使来帖木儿处责问欠贡。

所谓"事变"显然是指靖难之役。

刚刚击败奥斯曼帝国的帖木儿显然不能接受朱棣的责问，他在宫廷上公开侮辱了明朝使节，亲自调整了座次，让本来坐在西班牙使节上位的明朝使节坐在了西班牙使节的下位。帖木儿的大臣对明朝使节说："帖木儿现与西班牙国王亲善，帖木儿待之如子。视中国专使如仇寇，为帖木儿之敌人，今日特引见西班牙使团于中国专使之前者，即以示帖木儿不悦中国之意。"

对于明朝使节催纳贡赋的要求，帖木儿给予了阴鸷又恐怖的回应："帖木儿自此不复称臣纳贡于大汗（明朝皇帝），不久彼（指帖木儿）将亲来见大汗，使之称臣纳贡于帖木儿也。"

至此，帖木儿已经公开向明朝宣战，傅安等人的回国希望再一次破灭，想必日子也将更加难熬。

1404 年 11 月 27 日，帖木儿带着元昭宗的孙子孛儿只斤·本雅失里，率领二十万大军，对外声称八十万，假道别失八里（东察合台的残部所在地，在今新疆）进攻明朝。他带着这位蒙古帝国的后裔，无非想在东征之路上拉拢北元的残余势力，然而，他的老谋深算毕竟抵不过死神。1405

年 2 月 18 日，这位号称"成吉思汗第二"的一代雄主病逝于讹答剌，他的东征大军就地瓦解，各自返回了自己的驻地。

▲ 成吉思汗之后，最恐怖的征服者最终长眠于此，留下了一个庞大的帝国和传说中可怕的诅咒（传说苏联人打开帖木儿的棺材引发了战争）

十三年后的归途

帖木儿死后，他留下的庞大帝国逐步陷入半解体和内乱中。1405 年，帖木儿的孙子哈里勒取得了王位。他是一个建文帝式的性格软弱、善良的人，而他的叔叔们，即帖木儿的儿子们，则对他虎视眈眈，帖木

▲ 帖木儿死后，帖木儿帝国与明朝逐渐恢复了外交关系。15 世纪中期，两国同时衰落后逐渐失去了联系，最后几批明朝使臣根本没能到达撒马尔罕

▲ 如果没有帖木儿对奥斯曼帝国的威胁，君士坦丁堡很可能在 15 世纪初就陷落了

儿帝国版的靖难之役一触即发。因此，哈里勒急于对外寻找支持和靠山。1407 年（永乐五年），他派遣大臣虎歹达送兵科给事中傅安、郭骥等自撒马尔罕还，并"贡方物"。1407 年 6 月，傅安终于回到了阔别十三年的祖国，史载："初安之使西域也，方壮龄，比归，须眉尽白，同行御史姚臣、太监刘惟俱物故，官军千五百人，而生还者十有七人而已。"

傅安出使帖木儿帝国时还是壮年，十三年后回来的时候，已经是白发苍苍的老人了，同行的官员除郭骥外也全都死了。当时护送傅安的 1500 名明朝官兵，活着回到祖国的不过 17 人而已。作为一个身处奇特处境的人，傅安经历了一系列影响深远的历史事件，见证了帖木儿的东征西讨，见证了中亚、西亚一系列的强权覆灭，见证了奥斯曼帝国崛起过程中的惨败和拜占庭帝国的回光返照（安卡拉战役挽救了君士坦丁堡，并使拜占庭帝国又坚持了半个世纪，直到 1453 年才灭亡）。

在人类历史上，注定只有极少数人能够成为扇动翅膀引起风暴的那只蝴蝶，而大部分人的命运都像被风引起的野草和沙砾一样身不由己。然而，还有极少数人虽然身在风暴旋涡的中心，却意外成为风暴的观测者，记录了这场卷走数千万人生命的战争风暴从蝴蝶扇动翅膀到毁天灭地再到重归寂静的全过程。傅安就是这样的人，他用自己特有的坚韧和倔强，成为转动和见证历史的人。遗憾的是，他未能留下画像，其所写的珍贵游记也遗失在历史中，谨以此文纪念大明苏武——傅安。

CHAPTER 4

欧罗巴潮男的
中古时尚手册

真正的欧罗巴潮男应该穿上等的好钢。

——神圣罗马帝国皇帝马克西米利安一世

被误解的时代

中世纪绝对是被人类误解最深的时代之一，除却那些关于黑暗和愚昧的刻板印象外，这个时代显然还为许多现代文化和艺术奠定了基础。正如玛尼·弗格（Marnie Fogg）在《时尚通史》里指出的那样，中世纪晚期到文艺复兴时代不仅是东西方时尚圈分道扬镳的重要节点，也是欧罗巴潮男的时尚之路的重要转折点，其在服装方面由松到紧的剧烈变化深刻而持续地影响了之后好几百年的时尚圈。

在中世纪之前，尽管彼此相隔万里，但东西方时尚圈的穿衣心得惊人的一致，双方都认为宽袍大袖和雌雄莫辨才是时尚穿衣的不二法则。在欧洲，地中海明媚的阳光和温暖的气候让古典时代的

▲ 现代人对中世纪的糟糕印象并非空穴来风，当时的卫生条件和生活习惯都足以让现代人大吃一惊

希腊和罗马人养成了天生不爱穿裤子的毛病。除了确实凉快的因素外，宽松长袍之下还隐藏着重要的经济原因——只有富有的人才有资格把整块宽大的布料披在身上。尽管这看起来相当缺乏男子气概，而且罗马士兵不止一次在战场上被罗马的敌人——日耳曼人和斯基泰人——嘲笑为"娘炮"，但罗马人依然为自己的卓越审美沾沾自喜，更何况他们中的许多人本身就喜欢"娘炮"。

从森林深处来到大城市罗马打拼的日耳曼青年一开始是很不认同这套审美观的，所以，当他们在公元 410 年 8 月 24 日一巴掌把罗马时尚圈拍在沙滩上的时候，他们做的第一件事就是剥夺了潮男们露大腿的特权，让大家都穿上了裤子。在罗马帝国尚未沦陷的东半边，也就是后来被我们称为拜占庭的那个国家，潮男们又坚持了好几百年才穿上裤子。

▲ 直线剪裁、宽大、颜色黯淡的长袍使日耳曼人的形象接近基督教僧侣

日耳曼人轻而易举就得到了罗马，却吃了没文化的亏——他们皈依了基督教。在基督教神学禁欲主义的影响下，他们认为过于修身和暴露的衣服会显著提高性活动的频率，认为即使在合法夫妻之间，这也是一种罪孽。于是，人们普遍穿起了宽松的直线剪裁的长袍，既不显露身体的线条，也不裸露肌肤，男女之间衣服的样式也相差不大。

肩宽腰细腿长

然而，现代时尚的雏形已经在战场上悄然成形。当时的骑士和军士普遍装备的锁子甲是一种由铁环相缀而成的铁甲，它有着贴身和柔软的优点，也有着显著的缺陷。它能有效地防御大多数刀剑的劈砍，但对穿刺伤害的防御能力较差，特别是在十字军东征面对西亚和中东的突厥和阿拉伯人的复合弓时，这一缺陷尤为致命。

▲ 从头到脚柔软贴身的锁子甲无意中凸显了男性的身材特征

此外，当骑士把它套在身上的时候，整件锁子甲的重量都会压在骑士的肩膀上。

对于第一个缺陷，当时人们的解决方案是在锁子甲下面穿一件具有一定厚度的棉甲，因为当箭头不幸穿透锁子甲时，其大部分杀伤力已经被消耗了，因此，箭头可能会被棉甲挡住，从而无法深入人体造成伤害。为了弥补第二个缺陷，人们穿戴锁子甲后，用腰带紧紧束住腰部，从而使锁子甲的一部分重量分散到腰部，以减轻肩部的负担。

这种被称为"Gambeson"（软铠甲）或"Arming doublet"（武装衣）的

棉甲通常由棉花、羊毛或亚麻制成。为了提高防御力，它通常具有一定的厚度，这在无意中使穿戴者看上去肩宽背阔，而腰间紧束的腰带则凸显了穿戴者的腰部，塑造了骑士肩宽腰细、胸部宽阔饱满、背部厚实挺拔的雄性特征明显的形象。

在骑士文化风行的中世纪，骑士无疑是最受社会追捧和青睐的时尚潮男，他们的一举一动不但牵动着贵妇和少女的心，也牵动着巴黎和罗马的时尚圈。于是，模仿骑士英武形象的男装就应运而生了。为了在不穿盔甲的情况下获得肩宽腰细的穿衣效果，使用立体剪裁手法的民用版"Gambeson"应运而生，在法国它被称为"pourpoint"（夹衣），

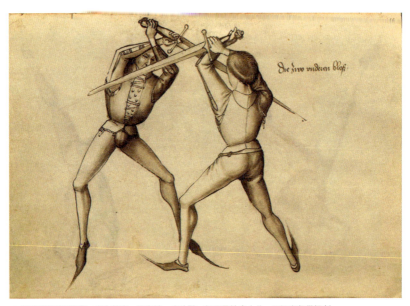

▲ 当时的潮男三件套：夹衣外套、紧身裤、尖头鞋。如果是社会人儿，那还必须带把剑

意为绗缝的衣服。立体剪裁手法能使衣服紧贴穿者的身体，即使不在腰间束腰带，也能获得肩宽腰细的视觉效果。此外，用两层布夹着填充物，再用倒针法绗缝，使线迹形成一种装饰，就能模仿出武装衣的模样。那些没有勇气和技巧去小亚细亚和阿拉伯人打仗的市民阶级依靠这种夹衣轻松就获得了类似骑士的英武外形。于是，这种紧身上衣迅速流行开来，从盔甲的附加物变成了一种流行的市民服饰，同时产生了一系列的变化。

到中世纪中晚期时，随着市民阶级和工商业的发展，基督教神学在整个社会范围内的精神控制力在一定程度上有所减弱，"pourpoint"中隐含的性意味变得越发明显。为了获得肩宽腰细腿长的雄性标准版型，"pourpoint"变得越来越短，甚至缩到了臀线以上，肩部和袖子则变得越发宽大。本来是袜子的"chausses"却越来越长，一直延伸到腰部变成了紧身的连裤袜，使男性的整个形体呈现出一种上宽下窄的倒三角形状。

与此同时，女装却发生着与之相反的变化。女装的上衣变得越来越紧，越来越注意凸显女性的乳房和腰肢，于是紧身胸衣（basquine）的雏形开始出现。与之相反，女装中的裙摆却变得越来越宽大，裙撑（farthingale）使裙摆膨胀成蘑菇的形状。这种服饰使女性的形体呈现出上窄下宽的正三角形状，与男性服饰形成了强烈的反差。

从紧身裤到尖头鞋

　　至此，男装和女装彻底完成了分化，从此向着不同的方向发展。但基督教的影响和控制力依然有力，1431 年 5 月 30 日，英国人控制下的宗教裁判所指控法国民族英雄贞德为异端和女巫，并在鲁昂烧死了她，指控的罪名之一就是贞德穿了男性的紧身裤，这在当时是被严厉禁止的行为。

　　女性被严禁穿着紧身裤的一个重要原因是，这种长裤一开始是以类似现代女性吊带袜的方式系在腰部的，后来才变成类似连裤袜的紧身裤。为了解决腰围和臀围之间的差异，人们在前裆处开了一个口子，而为了遮挡这个口子，人们又在这个位置缝了一块布。穿上这种紧身裤后，这块布就在裆部形成了一个兜状的谜之突起。在发现这个"兜"具有炫耀男性第一性征的妙用之后，当时的潮男们立即在裆部开始了军备竞赛。于是，这个兜变得越来越大，越来越高耸，最终在文艺复兴时期变成了一种叫作遮阴袋（codpiece）的东西。它是一个装有填充物的小口袋，潮男们通过向里面填充羊毛、亚麻和丝绸获得了尺寸远超正常人类的夸张的外生殖器造型。古希腊和罗马时期的潮男们露大腿的传统意外地在文艺复兴时期得到了恢复，让人不禁感叹时尚圈的风向变幻无常。

　　市民阶级的一系列努力对时尚风潮造成了巨大的影响，使得从战场而来的潮流最终又改头换面传回了战场。14 世纪时，欧洲的盔甲工艺出现了巨大进步。随着冶金学、锻造技术、人体工程学和解剖学的发展，原

兵者不祥

本覆盖在锁子甲上作为加强部件的钢板零件逐渐变成了包裹全身的独立装甲，于是板甲诞生了。板甲的结构完全参考人体的生理解剖结构，因此，穿戴时只有完全贴合人体才能最大程度地发挥其灵活的优势。早期的板甲设计完全遵循了这一点，穿起来就像一个铁皮人，看起来和时尚着实关系不大。

在板甲技术逐渐成熟后，时尚风潮和审美情趣就不可避免地被灌注其中。以 15 世纪流行的哥特式和米兰式全身板甲为例，肩甲宛如钢铁的三角肌赋予穿戴者宽阔的肩部，胸甲的前胸部隆起，在胸甲和躯干之间留出一定空间，以保护人体最重要的脏器——心、肝、肺、脾。这样一来，即使弩矢侥幸穿透了胸甲，也无法立刻进入人体，而很可能会被胸甲卡

住。这个设计增强了胸甲的保护性，也赋予了穿戴者饱满的胸部曲线。

符合人体黄金比例的分割线概念也被用于盔甲的设计之中。胸甲在腰部骤然收窄，赋予穿戴者宛若黄蜂的腰肢线条，同时它使胸甲的重量分散至腰部，减轻了肩部的负担。腿甲犹如钢制的"chausses"紧身裤，完全贴合腿部的肌肉线条，甚至连固定

▲ 分割线的概念被用于盔甲设计

方式也和早期的"chausses"紧身裤完全一致——大腿甲通过两根皮带悬挂在腰上，和现代女性的吊带袜的固定方式很像。

　　如果说以上这些只是流行服饰对板甲的"影响"的话，鞋甲的造型就是完全照搬当时流行的尖头鞋（poulaine）了，这种鞋在13世纪开始出现，到14世纪已经成为身份的象征。国王的鞋尖长度可以达到脚长的两倍半，高级贵族的鞋尖长度可以达到脚长的两倍，骑士可达一倍半，普通市民的鞋尖长度最长与脚长相等。鞋甲是板甲中保护脚部的构件，哥特式的鞋甲常常模仿当时的尖头鞋的造型，带有一个尖锐的头，在骑马作战的时候装在鞋尖上，徒步作战的时候卸下（不然容易绊倒自己）。一些历史学家认为这个尖锐的头能让骑士骑马作战时踢击对方的步兵或者对方骑士的战马，但这个说法站不住脚，因为武装到牙齿的骑士在战场上就像一座移动的武器库，并不需要这样一件另类的武器。它几乎是将尖头鞋的造型直接照搬到了板甲设计上，仅起到装饰作用。

胯下军备竞赛

　　前面提到的装置遮阴袋也被照搬到了板甲上，在为当时那些个性高调的潮男量身定制的高级盔甲上，它被精心设计成各种装饰华丽的钢铁大鸟，不但造型相当逼真，而且用上了当时流行的镏金银、蚀刻和珐琅掐丝工艺。尽管两位潮男相遇时各自挺着花哨的铁鸟互相打招呼的情形令现代人觉得难堪，但它确实是当时欧洲顶级时尚界的常态。后世的历史学家一度单纯地误认为这些恶趣味的钢铁大鸟是板甲的护裆，但他们很快就被其夸张的尺寸和造型所惊骇，不得不放弃了这个不靠谱的推测，因为任何盔甲都不需要伸出身体半英尺[1]之长来保护裆部（当然，它也能在一定程度上起到护裆的作用，但并非单纯的护裆）。除了这种"原形毕露"的原味设计外，一些人还别出心裁地把这个部件设计成了动物或者其他形象。

▲ 设计夸张的钢铁大鸟是中古时代的欧罗巴潮男彰显自我的重要手段。挺着这个钢铁大鸟没有办法正常骑马，因此，一般将其安装在步战盔甲上。在文艺复兴中期，这个装置的尺寸逐渐有所收敛，看起来正常多了

　　笔者作为世界顶级中世纪格斗大赛诸国之战（Battle of Nation）的中文解说，在 2018 年意大利罗马的比赛中亲眼见到有选手依然坚持佩戴这玩

[1]　1 英尺约为 0.305 米。

▲ 文艺复兴时代与马克西米利安皇帝不分伯仲的著名潮男——英国国王亨利八世,他也是一个盔甲迷

▲ 这种娘里娘气的紧身裤流行了好几百年

意儿（姑且称为护裆吧），上面还赫然雕刻着一张笑脸！每次看到这位选手胯下挺着一张笑脸走来走去，都有一种特别的尴尬感。

随着火枪的出现，板甲的防御思路逐渐由全面防御转向重点防御。全身板甲在16世纪逐渐变成四分之三甲和半身甲，而下半身则以"chausses"紧身裤进行混搭，这成为当时欧洲君主和贵族的标配。即使18世纪之后大部分人都已不再穿盔甲，紧身裤还一直坚挺地在潮男圈盘踞了近二百年。

以现代人的眼光看，这种紧裹下体的紧身裤不仅穿起来模样古怪，而且很不利于健康。不过，这种娘里娘气的造型丝毫无损于当时军人的英武。1697年9月11日，欧根亲王指挥的神圣罗马帝国军在森塔战役中大胜奥斯曼军，戴着假发、涂脂抹粉、穿着紧身裤的西欧"娘炮"把奥斯曼帝国军杀得尸横遍野，几个小时之内超过两万土耳其人被屠杀，神圣罗马帝国军仅有 429 人阵亡。

现代潮流的基础

当板甲作为军礼服完全退出历史舞台后，欧洲军装的设计依然以盔甲和武装衣的造型为主要参考。以 17—18 世纪最流行的军民两用外套 "Justaucorps"（这是现代西装和夹克的直系祖先）为例，它采用修身的设计，故意夸大肩部，刻意收短、收窄腰部，同时设计了超过必要数量的纽扣，还搭配了明显有害男性生殖健康的紧身打底裤。这些特征在以拿破仑时代的军服为代表的

▲ 以马克西米利安皇帝本人的名字命名的盔甲，是那个时代将时尚和科技完美结合的顶级奢侈品

欧洲近代军服上展露无遗。这使得拿破仑毋庸置疑地成为 18 世纪欧洲时尚界的弄潮儿，也使那个时代的军装样式基本为近现代男装奠定了理念基础。然而，这并不能使它盖过中古时代欧罗巴潮男们掀起的时尚风潮，因为文艺复兴时代最负盛名的潮男神圣罗马帝国皇帝马克西米利安曾经说过："真正的欧罗巴潮男应该穿上等的好钢。"

兵者不祥

CHAPTER 5

从杀人之刀
到活人之剑

刀剑不分

　　中国人常常存有一种固有的印象，即他们好斗的东方邻居是刀剑不分的。这也难怪，在现代日语中，人们也常常把汉语意义上的刀（单刃，有樋或无樋）和剑（双刃，有脊或有槽）混为一谈。比如，明明是以日本刀为武器的技击术，偏要冠以剑道（kendo）、剑术（kenjutsu）之名。实际上，不但日语中刀和剑各有其专属名词，在造型上它们也有明显的区别。那么，为什么在用语上会存在故意混淆的现象呢？其真实原因可以从一代剑圣柳生宗矩的一本剑谱，即柳生新阴流（这个剑术流派和戚继光有一段传奇故事，之后会讲）的《兵法家传书》中一窥端倪。这本剑谱中有两个章节分别叫"杀人刀"与"活人剑"，这里的刀和剑其实都指日本刀，那么为何杀人时称之为"刀"，活人（救助、帮扶他人之意）时就称之为"剑"了呢？

　　这两个看似充满禅意的词其实蕴含着非常丰富的语言学意义。因为日本早期的武器均从中国大陆输入（这些武器中有剑也有刀），所以在中国大陆发生刀剑逆势（从汉代开始，环首刀逐渐取代剑成为新的战场武器，剑沦为礼器）的时候，日本也随之经历了这一过程。从中国和朝鲜而来的环首大刀主宰了日本战场，而之前传入日本的双刃直身青铜剑则成为祭祀和祈福的神圣礼器（比如日本的传国之宝草薙剑）。舶来和仿制的环首大刀在大和朝廷征服虾夷[1]的过程中立下了汗马功劳，武士骑在从中国

---

[1]　指当时生活在日本列岛北海道地区的阿伊努人。

大陆传入日本的蒙古马背上，用环首刀从上到下凶狠地斩杀从未见过马匹的虾夷人，因此，日文中的"刀"这个词和日本土著民族的鲜血是分不开的。

日本人在接受中国环首大刀的同时，也接受了中国人"兵者不祥"[1]的概念，因此，用于杀伐的刀在日本文化中成了征伐杀戮的象征，而剑因为早已退化成神道祭祀、祈福和驱魔辟邪的法器，反而成了神圣、正义和君子的象征。相比于中国人发明的化煞理论[2]，日本人采取了一种简单又脑洞大开的方法：把刀叫作剑不就好了？《兵法家传书》行文流畅，文字优美，充满了哲理和禅意，其中"杀人刀"与"活人剑"的辩证充满了东方哲学的意味，将刀冠以剑之名以避其凶的做法也充满了语言学意义上的趣味。因此，我们的话题就从这杀人之刀开始。

杀人之刀

公元 9 世纪的最后一个十年，日本的最后一个遣唐使归国，中日官方之间的海上通路断绝。进入公元 10 世纪后，崛起的契丹阻断了中原与

---

[1] 语出老子《道德经》："夫佳兵者，不祥之器，物或恶之。"
[2] 传统风水理论认为开刃的刀剑有煞气，需要用厌胜之术化解。

日本的贸易通路（当时双方通过朝鲜来往），此后更发生了女真人和契丹人袭击北九州的"刀伊入寇"事件，日本和东亚大陆的交流遂彻底断绝，日本自此脱离了文化和技术输入方的身份，从"唐风时代"进入了"和风时代"。

日本刀剑也开始了独立的发展历程，并形成了一套独一无二的锻造技术、刀剑文化以及剑术，我们所说的"日本刀"至此才正式诞生。12世纪末，源赖朝开创镰仓幕府，出任首任"征夷大将军"，武士阶级正式形成，日本正式进入长达七百年的武士统治时代，腰悬二刀（太刀、肋差）成为武士阶级的特权和象征。

尽管武士刀是统治阶级的特权和象征，但是和世界上其他地方一样，日本冷兵器时代的战场主宰也是弓箭和长枪，刀剑从来就不是日本列岛上战争的主角，而多是作为辅助武器和防身武器存在的。虽然日本武士从小就进行严格的剑术训练，但即使在无日不战的战国时代，战场上由刀剑造成的死伤也只有一成左右。

然而，武士刀的意义早已从武器范畴上升到文化层面，而且围绕着日本刀和武士阶级形成了一系列独特的礼仪和文化，使得刀对于武士阶级的意义远在作战之上。比如，日本道路的交通规则同英国一样，至今都是靠左行走，因为日本武士的大小二刀佩带在左边，靠左行走可以避免与对面走来的武士的刀鞘相撞而引发不必要的打斗，遇到危险时也可以在电光石火的一瞬间拔出刀来。

由于日本人不会像西欧人那样在砍人前说些诸如"先生，您冒犯到我了，向我道歉，否则单挑"之类的话，所以对日本武士而言，先下手为强尤为重要。在当时的日本，一个不经意的动作、一个眼神乃至无意的一瞥，都可能让神经质的过路人突然拔刀探索一下你的身体结构，因此，靠左行走的重要性便不言而喻了。此外，在进入他人住宅的时候，武士要在玄关把刀解下，并用右手提着进入室内，表明自己没有动刀的意思。这本来是一种为避免无谓争斗和死伤而形成的习俗，然而，事情总有例外。

庆应三年（1867年）的一个寒冷冬夜，著名的维新志士坂本龙马和他的基友中冈慎太郎就倒幕问题展开了一番激烈的争论，几乎动刀。为了不弄出人命来，双方决定按照习俗，把佩刀放在玄关处，结果就在此时，幕府的刺客袭来，手无寸铁的二人当场被害。龙马直到死前还念叨着："石川（中冈慎太郎的别名），刀！刀！"由此可见刀对于武士的重要。

▲ 富有传奇色彩的维新志士坂本龙马

靠左行的另外一个很重要的原因是，武士阶级拥有一项野蛮的特权——"无礼讨ち"。这从字面上很好理解，就是武士阶级拥有抽刀斩杀冒犯其尊严的下人、町人和农民的权力。这并不是说武士可以随意滥杀平民，在行使这项权力时，要满足几个必要条件：第一，平民必须有确实冒犯到武士的行为（走路碰到他的刀鞘也算哟）；第二，平民拒绝向武士道歉；第三，武士只可斩一刀，若对方未死也不可再斩。这项权力起源于何时已不可考，但在日本战国时代，这项权力显然被无限扩大了，以致出现了武士为试验自己新刀的锋利程度就随意斩杀平民的恶劣事件。

旅日多年的周作人就曾写道："武士为练习武术，或试刀之利钝，于夜间立在僻静的路旁，出其不意地砍过路的人。"这种十分野蛮的公开恶习被称作"辻斩"。在和平到来的江户初年，"无礼讨ち"被幕府用法律的形式约束为"切舍御免"。"切舍御免"有诸多的限制，而且即使合法行使，也会产生诸多的问题（比如，若某武士在外藩斩杀了外藩的平民，就会产生复杂的司法问题）。因此，这项权力实际上并没有多少行使的机会。

然而，战国时代留给人们的残酷记忆还是让江户初年的平民百姓在路上遇到武士迎面走来时，总会尽量蜷缩在左边，甚至在武士经过时背靠左侧道路的墙壁，低下头不敢直视对方，甚至跪在路边，生怕碰到武士的刀鞘，惹得他要"切舍御免"。到了幕末，这种事实际上已经基本没有了，但是也有例外，以强悍的萨摩示现流剑术闻名的萨摩藩武士就搞出了一个"切舍御免"的大新闻。

1862 年 9 月 14 日，在上海做牛意的英国商人查理斯 理查德森（Charles Richardson）和他的雇员克拉克（Clark）以及英国商人马歇尔

▲ 幕末大新闻的发生地生麦村（摄于 1862 年）

（Marshall）夫妻骑马走在生麦村（今横滨地区）的道路上时，遇到了萨摩藩藩主的辅佐人岛津久光的卫队，在清国习惯了高高在上使唤黄种人的英国佬显然把这里当成了上海，骑着马就走进了久光的卫队。卫队武士见状大声呵斥英国人，让他们退下。英国人不知是听不懂还是根本不在乎，拒不退让。正在双方交涉时，英国人的马突然受惊，冲到了离久光的座驾很近的地方引发了混乱。卫队中的萨摩藩武士勃然大怒，奈良原喜左卫门第一刀就从理查德森的左肩切到右肋，斩开了他的锁骨和肋骨。紧接着，久来村利休一刀从理查德森的左下腹直斩到腹股沟，肠子马上流了出来。理查德森落马后，旁边的武士大发慈悲地一刀终结了他的痛苦。另外两名英国男士一个肩部被完全砍断，另一个背部受了重伤，但两人都依靠马匹逃生了。这大概是因为武士是站在地上斩杀骑在马上的英国人的，所以不好发力，才被他们侥幸逃命。马歇尔夫人因为是女流之辈幸得不死，但萨摩藩武士斩掉了她的帽子和几根头发，以示惩戒（这大概也算是"活人之剑"吧）。

▲ 理查德森的腹部受到了致命的一击

　　　　　　　　　　　　　　　　　　　　　兵者不祥

精力善用

镰仓时代（1185 年—1333 年）的战争形态主要是由骑在马上的武士集团依靠骑射的方式杀伤敌人，或是直接在阵前进行"一骑讨"[1]，这大概就是江上波夫所说的"骑马民族征服"留给日本的古风。在蒙古侵略日本的文永之役中，这种落后的战术在作战初期给日本军造成了惨重的损失。蒙古人十分熟悉东亚大陆残酷的作战模式——弓矢短而射速快，身着华丽大铠的武士单枪匹马来到阵前，还没报完自家名号就被射成了筛子。

在付出了极大代价才在台风的帮助下击退蒙古军后，日本人逐渐意识到了自己的战术问题，在蒙古第二次来袭时废弃了武士骑射战术，而是依托西起今津、东到箱歧的防御石墙，依靠武士的个人武艺与元军展开惨烈的海滩争夺战。蒙古军始终无法突破石墙，被限制在海滩上一片狭小的地域中，被迫卷入与武士的近身肉搏战。经过血腥的苦战，镰仓武士以精湛的武艺和无与伦比的勇气彻底击败了蒙古军，迫使蒙古军回到海船上，最终覆灭于一场神来之笔的台风。在这次蒙古来袭中，日本人认识到了刀剑在混战中的意义，使得剑术快速发展起来，并逐渐形成了"念流""神道流""阴流"和"中条流"四大流派。

在日本剑术的发展过程中，不得不提的两个流派是出自阴流的"柳生新阴流"和"香取神道流"，其中和中国颇有渊源和恩怨的，是"柳生

---

[1] 双方武将单挑。

新阴流"一派。

16 世纪中叶,战国乱世中大量没饭吃的野武士[1] 沦为明朝东南海商的暴力打工仔,以其草芥一般的性命和在乱世中练成的杀人剑术,对抗明朝政府的海禁政策,从而开始了"嘉靖大倭寇"时代。这些既不把自己的命当命,更不把别人的命当命的野武士在对战腐败透顶的明朝卫所兵时,打出了比英国人屠杀南非祖鲁人还玄幻的交换比[2]。嘉靖三十四年(1555年),53 个倭寇从浙江上虞登陆,沿途漫无目的地杀掠,杀死明朝一名御史、多名高级军官和官兵上千人,最后竟然进犯南京,流窜两千里才被剿灭。其高超的剑术和强悍的战斗力深深刺痛了明朝军人的心,促使戚继光、俞大猷等将领对明军进行了一系列的改革。

1561 年,戚继光在台州战役中依靠指挥得当、战术合理,一举歼灭倭寇数千人。在打扫战场时,明军在一具倭寇的尸体上发现了一本奇特的剑谱残本,剑谱名为《阴流之目录》,里面画

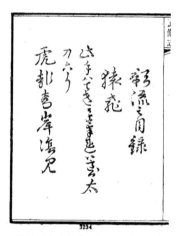
▲《武备志》中的《阴流之目录》的日本原本扉页

着两只猿猴手持武士刀正在进行一系列名为"猿飞、太刀六支猿回、虎龙、岸见、山阴"的攻防动作。深知日本剑术威力的戚继光很重视这本剑谱,

---

[1]　失去了主人的武士。
[2]　军事学术语,指敌我双方的伤亡比。

因剑谱本来就是残本，因此，戚继光按图文习练后又把自己的经验和心得写在剑谱之后，形成了《辛酉刀法》一书，被完整地收录在《武备志》一书中。

戚继光在战场上拾到的是阴流祖师爱洲弥香斋久忠（1452年—1538年）所作的《阴流剑法图文》一书的残本。相传他36岁时在北九州的大山中遇到了一只浑身白毛的猴子，传授给他这套剑法。台州战役时，爱洲弥香斋久忠已死了二十三年，不可能出现在中国浙江，而他所创的剑法在日本本土也已失传。那么，怀揣孤本剑谱战死的无名倭寇究竟是谁，为什么他会带着一本在日本都已经失传的剑谱出现在中国，剑谱的全本究竟是怎样的？这些大概已经永远成谜了。

▲《阴流之目录》中两只猿持刀对练

值得一提的是，小笠原源信斋源长治（后被称为源信斋）在明末西渡中国，不知以何种手段获得了《辛酉刀法》和《武备志》（得到的很可能是天启年刻本），又将其倒传回日本，并根据戚继光所述之刀法形成了"直心阴流"。宽文年间（1661年—1672年），须原屋茂兵卫将《武备志》付刻刊印，进而影响了一大批剑术流派，尤其对幕末剑道的出现和剑道器械的发展产生了极其深远的影响。而在中国，辛酉刀法最终成为苗刀技击技术的基础，至今郭氏一路的苗刀的基本起势

▲ 戚继光所续写的《辛酉刀法》图谱

和构架都与直心影流[1]几乎完全一样。

这一历程充满了神秘、奇幻的色彩，从日本北九州山中精于剑术的白毛猴子，到中国浙江台州战场上怀揣绝本的神秘倭寇，这套剑法从日本流入中国，变成中日混血儿之后，又以神秘的方式回到日本，冥冥之中似乎总有一股超自然的力量，把中国和日本这两个情感复杂的国家联系在一起。

活人之剑

在近代剑道诞生之前，武士之间的剑术比试主要用木刀，尽管有寸止[2]的说法，但意外死伤事件依然频发，更有心怀私怨的武士在试合[3]时痛下杀手。在经典剑戟片《大菩萨岭》中，剑术绝伦却拥有一颗恶魔之心的甲州武士机龙之助就在剑术比赛中痛下杀手，以木刀杀死了对于。

[1] 与前文的"直心阴流"系前后演进关系，名字略有不同。
[2] 接触即止，不故意伤害对方。
[3] 日语词，意为比赛。

在现实中能做到这一点的剑士也比比皆是，我的好友户山流高手银月捕风就能轻松地用完全没有刃的尼龙剑把猪的大腿骨一击斩断。

因此，江户时代末期逐渐发展出完整的剑术护具和四片式的竹刀，从而大大提高了试合的安全性，现代剑道的雏形也由此出现。剑术和剑道从此走上了不同的发展道路，一部分剑术流派拒绝使用剑道的器械和护具，坚持自古以来使用木刀乃至真刀的练习方式，这一部分流派被称为"古流"，但为了避免伤亡，他们几乎放弃了实战对练的训练；另一部分流派则充分利用了发展起来的剑道护具，走上了实战派的道路。因此，日本剑术是一门历史悠久的武艺，而日本剑道则是一种年轻的技术。

随着火器的不断发展，冷兵器格斗技术日渐式微。在倒幕战争时期，幕府军和倒幕军之间爆发了第一次炮舰海战。在明治政府颁布废刀令后，武士阶级的特征和特权被一并剥夺，中下层武士被迫沦为贩夫走卒，一身武艺全无所用。到西南战争时，幕府军和倒幕军双方都全面装备了步枪和火炮，《最后的武士》中武士集团骑马向明治军加特林机枪阵地发起自杀式冲锋那一幕完全是美国浪漫主义的臆想场景（不过很壮观）。萨摩藩可是明治维新的大本营之一（另一藩是长洲），是最早接触西方文明并开设军械厂生产枪炮的藩地，自然不可能是电影里那种战国军队的水平。

不过，在战争中萨摩藩一方因弹药不济而采取了拔刀队战术，即由少数剑术高超的武士在山间、林边等复杂地形，采取伏击的方式袭击明治军。叛军拔刀队往往埋伏在小路两边，等到明治军步兵以纵队通过时一跃而起，跳入步兵队伍大肆砍杀。由于距离过近，明治军步兵害怕误伤往往不敢开枪，而混战中刺刀又施展不开，所以往往遭受惨重的伤亡。此外，日本刀砍杀人体造成的惨烈景象严重打击了以平民为主体的明治军的士气，对萨摩藩武士的恐惧情绪开始在士兵之间蔓延，使

▲ 西南战争。缺少弹药的萨摩军在后期不得不组织拔刀队

得明治政府不得不重新组织一批精于剑术的旧武士，将其混编入政府军步兵中，与萨摩藩武士对阵。

明治政府从西南战争中重新意识到了剑术的价值和意义，开始大力扶持剑道的发展。剑道也逐渐分离出体育剑道和军事剑道（户山流）两条发展道路，其中的体育剑道逐步发展成了我们现在所看到的形式，成为一种风靡全球的武道艺术。

CHAPTER 6

剑豪时代——
文艺复兴决斗史

正如孟德斯鸠在《论法的精神》中写的那样："（就像）许多高明的事物在用极其愚蠢的方式向前发展一样，也有许多愚蠢的事物在用非常巧妙的方法向前运动。"在耶稣基督殉难一千三百年后，他的子民却越来越倾向于用与天主教教义背道而驰的方式处理人与人的关系，使他们的祖先从条顿森林和斯堪的纳维亚半岛带来的粗野习气在文艺复兴的第一个世纪得到了跨越式的发展，以命相搏的单挑习俗逐步发展成一门精妙的技术、一种充满魅力的艺术和时髦文化，并极大地促进了剑术、解剖学、外科学和法学的发展。

Holmgang——剑豪的黎明

中世纪末期到文艺复兴早期的许多著名单挑王都声称自己在践行"古道"，即罗马时代的贺拉提乌斯精神（公元前 7 世纪，罗马的贺拉提乌斯三兄弟与阿尔巴隆加的库里阿提乌斯三兄弟进行了人类历史上一场著名的决斗）。然而，这个说法就像现在生活在伯罗奔尼撒半岛上的斯拉夫懒虫自称是古希腊人的后裔一样不靠谱。文艺复兴前的单挑文化更多地来自日耳曼诸族的单挑传统，以及民风淳朴的北欧地区一种叫作"Holmgang"的习俗。

▲ 新古典主义油画《贺拉提乌斯兄弟之誓》

在北欧地区接受基督教之前，理论上，这种习俗能解决一个人在社会中遇到的所有问题，这种习俗是如此之简单，首先需要确定矛盾和纠纷的对立方，如果对立方接受你的挑战，双方就在一个直径为4码的小圈子（这个圈子通常由围观群众组成）内用剑（对贵族而言）互相砍杀，而平民则流行使用战斧，直到一方死亡或认输为止。但必须明确的是，进行"Holmgang"的主体必须是贵族和自由人，奴隶是没有资格进行"Holmgang"的。在美剧《维京传奇》中，我们可以看到一场男主角拉格纳·洛德布罗克（Ragnar Lothbrok）与厄尔·哈拉德森（Earl Haraldson）的"Holmgang"单挑。尽管这种单挑在理论上是可以通过认输来活命的，但实际操作中多以一方的死亡而告终。胜利的一方也常常身负重伤，并在数日之后死于外伤感染和维京人"高超"的医疗技术（用滚烫的动物油脂或尿液处理外伤伤口）。

塔西陀在《日耳曼尼亚志》里写道："日耳曼人的一切事情，皆可由一对一的持剑厮杀解决。"古典时代这种单挑的胜负常常取决于双方在战场上积累的格斗技术和经验，以及双方体格与力量的对比。但是，当欧洲人在单挑中付出了大量鲜血和生命之后，人们逐渐总结出了单挑的四大金律，那就是"锻炼身体，提高技术，保护自己，消灭敌人"，并且涌

兵者不祥

现出一大批精于剑术的单挑大王。然而，单挑要想成为一门精巧的艺术，还有一条由鲜血和尸体铺就的漫漫长路要走。

神断——上帝的背书

在整个欧洲都被基督化之后，"Holmgang"这一矛盾的终极解决机制逐渐被教会所厌恶和禁止。然而，习俗的力量是如此强大，以致上帝也不得不向恺撒妥协，为日耳曼人的单挑传统提供上帝视角的解释，这就是"神断"。"神断"可以为单挑提供宗教和法律上的合理解释，因此又被称为"上帝的背书"。"神断"理论认为，上帝会在决斗中做出公正的裁决，使正义的一方获胜。

抛开迷信的成分，"神断"的理论基础实际上是死者有罪论，就像一句西方谚语所说的那样："或多或少，死者总是有错的。"这和中国传统的死者为大论大相径庭。中国人在矛盾和纠纷中常常以自杀的方式自证清白，或在对手家门前自尽，或自尽后遗书谴责对方，以自杀的方式使对方陷入道德上的不利境地。

然而，中世纪欧洲人的做法与此截然相反，他们力图在决斗中杀死对立方以证明自身的清白或证明对方有罪。这种合法的决斗被称为司法决斗,最初仅被用于刑事案件的判定。《伦巴底法文集》中列举了谋杀、通奸、乱伦等 20 多种适用于司法决斗的情形。然而,当法王路易九世规定民事纠纷也可以使用决斗解决之后,这一范围被迅速扩大。贵族们很快发现,利用司法决斗解决财产纠纷也非常有效,于是司法决斗被广泛用于解决贵族之间常见的土地纠纷和鸡毛蒜皮之争,小到两位骑士关于某位女士容貌的评论之争,大到王位继承权的归属,都可以合情合理地拔剑来一场。甚至一向对决斗持怀疑态度的教会,也常常指定某僧侣与人用棍棒决斗,来解决宗教税收(十一税)方面的纠纷。

▲ 两位 14 世纪的骑士正在进行一场司法决斗,天使正在他们头顶盘旋,以使胜利的天平倾向正义的一方

值得指出的是,没有摸过刀剑的现代人往往根据中世纪吟游诗人的作品,把决斗想象得像街机《刀魂》一样华丽、刺激。实际上,决斗场上肠穿肚烂、肝脑涂地的场景比比皆是。因为缺乏解剖学知识,早期的决斗者往往倾向于把对手大卸八块以确保胜利。随便一场为了豆大点儿屁事引发的决斗,场景之残酷都不会逊于《权力的游戏》中魔山和红毒蛇的那一场单挑。

即使在司法决斗盛行的时代,也曾有人指出:"决斗十有八九得不到公正的结果。"这种司法制度的荒谬性不言而喻,但它至少提供了另外一种可能性,即当一个自由人失去所有自证清白的可能性的时候,他至少还有舍命一搏的权利。举个例子,如果李广迷路一事发生在中世纪

　　　　　　　　　　　　　　　　　　　　　　　　　兵者不祥

的欧洲，那么结果可能就不一样了。按照法律，司法决斗中会有如下的可能性：

（一）李广对卫青呈给汉武帝的战报有异议，李广提出单挑，卫青允诺；

（二）李广对卫青呈给汉武帝的战报没有异议，但官吏判李广有罪，李广不服，向官吏提出单挑，官吏允诺；

（三）李广对卫青呈给汉武帝的战报没有异议，但官吏根据证人的证言判李广有罪，李广不服，向证人提出单挑，证人允诺；

（四）李广对卫青呈给汉武帝的战报没有异议，但官吏判李广无罪，卫青不服，向官吏提出单挑，官吏允诺；

（五）李广对卫青呈给汉武帝的战报有异议，李广提出单挑，卫青有疾不能出战，委托霍去病代为单挑，霍去病允诺。

然而，李广当时并没有这种权利，这个"与匈奴大小七十余战"的老英雄，选择了以自杀作为最后的抗议。

总的来说，文艺复兴之前的西欧单挑界虽然拥有上帝的背书和世俗法律的许可，但单挑界这个圈子的主体主要还是贵族。因为生产力的落后，大部分的农民处于一贫如洗的境地，根本没有值得以命相搏的财产纠纷。法律尽管赋予了平民向贵族发起单挑的权利，但贵族可

▲ 14世纪的一场法庭抗辩，最终的结果是当事人双方（都是贵族）进行司法决斗

以拒绝平民的单挑要求。即使贵族愿意和平民单挑，贵族也可以根据法律骑马出战，而平民必须徒步；即使双方能够在完全平等的情况下决斗，营养不良的平民也不太可能战胜从小习武的封建骑士。在这种情况下，平民之间以及平民与贵族的单挑实际上是不可能的，单挑界的主角依然是贵族。按照马克思主义的唯物史观，没有人民群众的参与，人类社会就不可能发展，因此，人民群众很快便参与了轰轰烈烈的单挑事业，最终使之获得了跨越式的发展。

单挑——全民的狂欢

▲ 一代剑豪约翰尼斯·列支敦纳瓦的画像。他一只手拿着一把羽击剑（Federschwert）[1]，另一只手拿着教鞭，墙上挂着一把长剑和一把德国大砍刀

从中世纪晚期到文艺复兴早期，西欧的市民阶层获得了很大的发展，生活相对富足的市民阶层面对经济社会生活中的种种矛盾和纠纷，也产生了单挑的需求。因此，这一时期的单挑事业逐渐从贵族阶层蔓延到市民阶层，成为一种全民运动。这也意味着

[1] 一种钝头无刃的剑，常用于剑术训练。

单挑变得日益频繁，市民阶层中的每一个人都可能随时面临一场单挑。在这种背景下，系统的单挑技术诞生了，也诞生了第一个有据可考且对后世影响深远的剑豪约翰尼斯·列支敦纳瓦。

列支敦纳瓦的生平已不可考，唯一可以确定的是，他是生活在14世纪现东普鲁士地区的一位剑术大师，擅长使用当时广泛流行的长剑、手半剑以及德国大砍刀。在经历过多次决斗后，大师用晦涩的语言把他在决斗中积累的丰富剑斗经验及技术写成了若干首长诗，秘密传授给了他的徒弟。我们今天能够一窥大师的剑术，完全拜他的徒弟西吉蒙德·瑞恩格克（Sigmund Ringeck）所赐，他记录了大师留下的诗句，并对每一句都做了详细的注解。

列支敦纳瓦的剑术体系内容丰富，包含甲剑术与无甲剑术、匕首与长矛，甚至徒手格斗的内容，但广泛流传的是他的双手剑术。后来，人们直接把列支敦纳瓦的剑术体系称为"德国剑术"或"德意志双手剑术"，这是一种和东方剑术风格迥异的剑击艺术。以日本剑术（实际上是刀术）为代表的东方剑术，总是试图以极快的速度和高度集中的精神力，在对方攻击到自己之前先对对方进行毁灭性的伤害，多种日本古流剑术都在其要义中强调"应在对方砍到（你）之前……先斩倒对方"。德国剑术的指导思想显然不同，它更强调在保证自身安全的前提下杀死对方，因此非常重视防守后的反击。牛位防御和交击（Zwerchau）技术是最常用的防守反击组合技术。这种剑术显然比较适合一对一的单挑，但其中的一些技巧也适合在战场上使用。

▲ 德国剑术手册插图。左侧的剑手使用牛位防御来格挡对手来自顶位起势的斩击，这个防御后可以紧跟着来一记交击重创对方的头部

▼ 两位剑手正在使用德国剑术进行一场司法决斗，两人不约而同地使用了折剑技术，力图取得一个优势的攻击位置

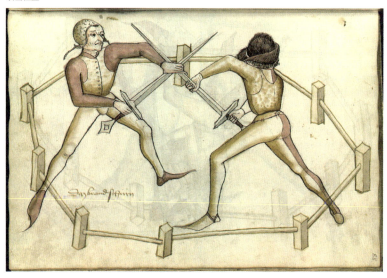

　　　　　　　　　　　　　　　　　　　　　　兵者不祥

长期以来，近代之前的欧洲人都被刻意地描绘成身体强壮、思想愚笨、不善于格斗、只会靠蛮力挥舞巨剑的糟糕形象，欧洲武器也被认为是笨重而不够锋利的。实际上，欧式长剑修长的剑身、良好的弹性、较长的十字形护手和靠后的重心使其具有优异的平衡性和操纵性，能够做出种种复杂的技术动作。而西欧人在长期而频繁的决斗中积累起来的剑斗技巧和经验，在几何学和力学原理的基础上，被一代又一代的剑术大师总结为科学的、系统的体系，并付诸实践，成为技巧性和复杂性都远超世界同期其他武术体系的集大成者。

　　这一时期，西欧和中欧地区出现了一系列的剑术学校和剑术行会，以满足其传统客户——贵族阶层——和逐步富裕的市民阶层日益高涨的单挑需求。群众的积极参与使单挑对剑斗技术的要求水涨船高，毕竟谁也不想在生死相搏中因为技不如人而死，正所谓平时多流汗，单挑少流血。为了能在市井纠纷和司法决斗中战胜对方，人们纷纷投身剑术学校学习剑术，而参与人数的增多又反过来进一步促进了剑术的发展。

　　14—15 世纪，列支敦纳瓦创立的德国剑术体系逐渐由经验上升到理论层面，而在 15—16 世纪，梅耶等人则进一步将剑术理论科学化。几何学和解剖学的发展使得单挑大师们的剑术变得日益精湛而巧妙，每一种攻击技术都力求以最短的线路给予对方最致命的打击，对咽喉和睾丸等薄弱部位的打击变得越来越普遍，而每一种防御技术都力求用最省力的杠杆作用压制对方的攻击，并进而转换到能够使自己反击的最佳体位。

　　单挑的蓬勃发展也促进了医学的进步，频繁的战争和单挑使创伤外

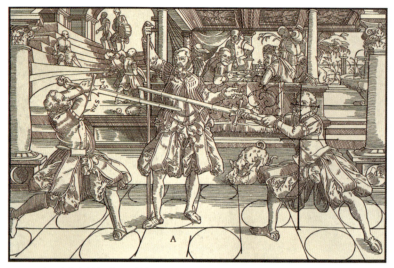

▲ 1570 年，在德意志地区的一所剑术学校中，教师正在指导两名学生用羽击剑训练，练习德国剑术。请注意地面，此时的德国剑术已经发展到了相当精妙和复杂的地步

▼ 16 世纪的剑术手册插图。左侧的偷蛋贼一剑扎穿了对手的睾丸，右侧的哥们儿则刺穿了对手的喉咙，可见当时的剑手对"要害"的理解已经相当深刻

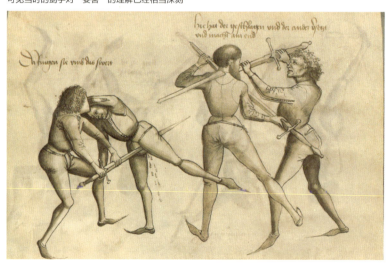

　　　　　　　　　　　　　　　　　　　　　　　　兵者不祥

科迎来了发展期。文艺复兴时期的欧洲外科医生，对切割伤和贯通伤显然有着比世界其他地区同行更深刻的认识和更丰富的处理经验。

　　单挑的盛行也促进了司法体系的变革。"神断"时代教会是允许决斗的，但到了文艺复兴时代，教会和多数国家的司法体系均对单挑持否定意见，一言不合的随兴单挑和带有宗教色彩的司法决斗均受到了压制。但正如伏尔泰所说："当司法机关庄严下令进行决斗时，决斗少得多。当司法机关谴责决斗时，决斗却多得不可胜数。"当单挑失去了合法外衣和宗教赋予的神圣色彩后，反而变得更加流行，它从一种宗教仪式和一种司法裁判手段变成了一种流行的时髦文化，最终成为一场全民参与的狂欢。

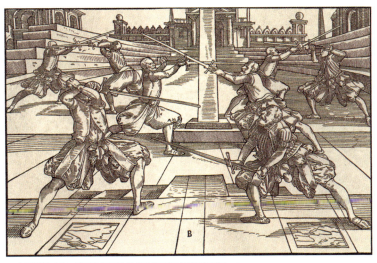

▲ 全民单挑时代，德意志地区的剑术学校里门庭若市的景象

刺击——诸神的黄昏

▲ 一对 16 世纪末的刺剑和左手短剑（Rapier&Dagger）

▲ 1590 年，苏赛克斯伯爵罗伯特·拉德克里夫手持一把剑刃较宽的早期刺剑

长剑毕竟还是一种战场武器，对于有经验的单挑者而言，在决斗中卸掉对方一条胳膊或腿，或是把对方从肩膀到腹股沟一剑劈开，都是轻松的事儿。然而，这种惨烈的场面却跟文艺复兴时期的整体社会风气有点儿不搭。16 世纪末，随着文艺复兴的进一步发展，单挑界逐步从 15 世纪的一种用于穿透盔甲的细长穿刺剑（Estoc）发展出一种区别于战场武器、专门用来单挑的刺剑（Rapier）。这种剑拥有细长而优雅的剑身（长达 1 米）和华丽复杂的笼状护手。如果你根据这种剑人畜无害的漂亮外形就认为它杀伤力不大，那就大错特错了。尽管这种剑窄得让人着急的剑刃不可能像长剑一样把对手的脑袋砍下来，但是如果刺中躯干，对方十有八九还是会死的，不是死于血气胸，就是死于肝脏或脾脏破裂造成的大出血。如果刺中了肚子，虽然不会马上死，但破裂的肠子里流出的粪便和未消化完的食物也会造成腹腔大感染，伤者忍受几天到十几天的折磨，最终还是会死。

总的来讲，刺剑的诞生有效地提高了单挑的格调，有限地降低了单挑的死亡率，大大降低了单挑场面的血腥程度（至少死者都是全尸嘛）。刺剑的发展非常成功，迅速由一种市民阶层防身、单挑及进行市井斗殴的专用武器，变成当时贵族和市民服饰的一部分。当时，市民阶层、贵族、佣兵和混混几乎人手一把刺剑。在使用刺剑的风潮中，法国、西班牙和

意大利走在了老牌单挑强国德意志的前面。毕竟，这是文艺复兴时期，文艺的民族总是能够领风气之先，连单挑也不例外。在西班牙电影《佣兵传奇》中，男主人公阿拉特里斯德的几场打斗都非常经典，完美地展示了刺剑在单挑中的几种经典用法：单独使用刺剑、双持刺剑和一种凶险的左手短剑、双持刺剑和斗篷。这些打法在文艺复兴时期流传下来的剑谱中都能找到。

▲ 单持刺剑的打法，左侧的步法略显销魂

▲ 双持刺剑和斗篷的打法

当然，一场突如其来的单挑可能发生在任何地方，因此，当时的人实际上也有一些奇范的打法。

那个时代，在西欧人口密集的大城市，比如巴黎、马德里、伦

▲ 双持刺剑和左手短剑的经典打法

敦和罗马，都密密麻麻地云集着一大批剑术精湛又荷尔蒙爆棚的单挑客，随时准备为"你瞅啥"之类的破事拔剑相向。即使只会一招半式的市民，也会为了诸如走路时自己的佩剑被对方的佩剑绊了一下而不吝拔剑斗个你死我活。请注意，这种决斗是真正地以命相搏。这种小事导致的死斗是如此之多，以致巴黎每年有几千人丧命于这种无意义的械斗。

在见识过太多的鲜血和死亡之后，为了避免这种无意义的决斗（也为了更方便进行决斗），人们形成了一种约定俗成的习惯，即靠左行走。这样一来，刺剑过长的剑身就不会绊到路上行人或是与对方的佩剑相撞了，从而避免了很多不必要的纠纷。同时，不得已发生冲突时，靠左行走也更有利于迅速拔剑给予对方致命一击。这种靠左走的风俗曾是欧洲的惯例，但在18—19世纪，随着佩剑文化的消亡，许多国家改变了这一习俗，比如法国和俄国。不过，时至今日，我们仍可以在英国的道路上感受四百年前的单挑风气之盛。

▲ 凶残的双剑（刺剑和短剑）流打法

由于从刺剑中演变出许多凶狠、阴险的流派，因此，决斗的死亡率实际上并没有比长剑时代降低很多，于是小剑便应运而生。小剑是一种改进过的轻型刺剑，作为它

▲ 刺剑时代决斗对人体解剖学和力学的影响深远

兵者不祥

的发明者，法国人称它为小花（Fleuret）。它极大地减轻了刺剑的重量并缩短了其长度（小剑长一码左右）。因为剑身太细，为了获得足够的结构强度，人们常常把剑身设计成三棱或四棱形，这种修改有效地降低了它的杀伤力，同时也对决斗双方的剑术水平提出了更高的要求，因为更轻更小的剑意味着更快的攻防速度和更灵活的移动步伐，以及更精准的刺击（小剑几乎完全不能劈砍了）。

这一时期，欧洲剑术学校的发展空前繁荣，学校里挤满了随时准备为时髦的单挑事业而献身的小青年。同

▲ 小剑时代蓬勃发展的剑术学校

时，小剑的出现也使女单挑客与男子进行公平决斗成为可能并广泛流行，这在长剑和刺剑时代是不多见的（长剑通常有 3~4 磅重，刺剑也差不多）。因此，在刺剑消退、小剑流行的 17 世纪末到 19 世纪初，涌现出一批技术高超的女剑士。

然而，剑斗和单挑文化的全民狂热也带来了严重的法律和道德问题。原则上，一个有荣誉的自由人（贵族或平民）是不能拒绝另一个地位对等的人提出的决斗要求的，否则他将失去荣誉。先声称自己是单挑场之王，最后却借口感冒不去应战的做法在那个时代是行不通的。因此，在理论上，一个剑术高超的无赖完全可以利用这一点去向一个清白无辜的人发起决

斗，而且杀死后者并不用担负任何责任，而一个剑术不佳的杰出的人也可能硬着头皮参与一场本不该接受的挑战，从而死在一个无名鼠辈的剑下。

历史虽然没能记录第一个在决斗中使用燧发手枪的人，但这个人无疑开创了一个新的单挑时代。双方站定后轮流开枪射击对方的决斗模式，避免了决斗双方因为先天天赋和后天训练造成的剑术水平的差距，毕竟"子弹面前人人平等"。然而，燧发枪非常低的枪口初速和其球形铅丸射入体内后会产生极大的形变系数，给决斗者的身体造成非常严重的伤害。比起刀剑类武器造成的干净、利落的伤口，这种乱七八糟的枪伤处理起来难得多，中枪者即使侥幸不死，余生也常常受到铅中毒的折磨。如此一来，剑斗时代本来已经降低的决斗死亡率，随着手枪在决斗中的应用又被大幅度地提高了，而人们对单挑的热情却不减当年。因此，普希金和伽罗瓦们的鲜血，还要继续流下去。

CHAPTER 7

至高之术——西欧剑术的起源、兴盛、衰亡与复兴

长期以来，欧洲武士及其技艺都在东方人心中留下了不值一提的蠢笨形象。东方人一厢情愿地把欧洲武士想象成一群人高马大的莽夫、摔倒后无法自己爬起来的铁罐头，以及要靠由滑轮和绞索驱动的吊车才能骑上马背的野蛮笨蛋，并形成了一系列诸如此类的趣味谣言。

　　这种东方式偏见有着相当悠久的历史，连"苟利国家生死以，岂因祸福避趋之"的林则徐，在跟英国人交战一年后，依然固执地认为："一至岸上，则该夷无他技能，且其浑身裹缠，腰腿僵硬，一仆不能复起，不独一兵可手刃数夷，即乡井平民，亦尽足以制其死命。"这种偏见有其深层次的社会学原因，即通过丑化对手的形象（西方人愚蠢，笨拙）来抬高自身形象（东方人聪明，灵巧），从而在战争的失败中挽回一点点自尊心，这在历史上屡见不鲜。类似的做法我们在现代电影里也常常看到，西方人通常被描述成行动缓慢的反派大力士，靠蛮力横行一时，最终败在灵巧的东方拳师脚下，个中奥妙，各位看官可以自己揣摩。

　　当然，对于这种奇怪成见的形成，20 世纪 60~80 年代好莱坞电影中拙劣的武术指导也功不可没。在那个时代拍摄的中世纪电影中，我们常常看到两个满身肌肉的糙汉像打棒球一样挥舞着一磅重的铝片（好莱坞电影中的道具剑通常是铝制的），笨拙而凶狠地互相殴打。这种镜头当然毫无美感可言，也加深了东方观众长期以来对西方人的偏见。造成这种现象的主要原因是欧洲剑术体系在 19 世纪的全面衰落和失传。随着近年来欧洲历史武术（Historical European Martial Arts）复兴运动的蓬勃兴起，人们根据从古代流传下来的剑术手册和图谱重现了众多欧洲武艺，特别是冷兵器格斗技术，使我们得以一扫多年来的误解和偏见，一窥古代西欧武艺宝库的全貌。

古典时代——鲜血的娱乐

得益于伯罗奔尼撒半岛和爱琴海沿岸的重步兵传统，古典时代的欧洲特别是希腊（包括马其顿）和罗马得以拥有专业化和组织化程度都明显高于世界其他地区的职业军队。以马其顿方阵和罗马军团为代表的西方古典军队，用科学的战术、严格的训练和纪律，战胜了一个又一个体格、武艺和勇气都胜过他们的民族。无论是波斯帝国从亚洲深处带来的号称不会死去的勇士，还是条顿部族体格高大的日耳曼战士，这些以个人武艺和单打独斗而闻名的武士都曾在方阵前折戟沉沙。

这并不奇怪，无论是面对马其顿人千百支萨里沙长枪（通常有5米长）组成的枪林，还是面对罗马人的巨盾组成的防护严密的龟甲阵，个人武艺都毫无用处，以致日耳曼勇士莽撞的勇气竟然成为罗马士兵的笑料。

因此，在古典时代的欧洲，战阵武艺才是主流。当以各自为战为主要战术的蛮族军队遭遇组织严密的希腊罗马军队时，在大多数场合前者

▲ 名画《角斗士》描绘了一位戴着有神兽 Grifone 装饰的头盔的色雷斯角斗士。斯巴达克斯也是这个类型的角斗士

毫无疑问都会覆灭（也有例外，如条顿堡森林之战）。因此，个人格斗技术在战争中并不被重视，反而在一项娱乐活动中得到了空前发展，这项活动就是角斗。

角斗士是为了角斗运动而专门培养的斗士，他们通常是罗马军队的战俘，在角斗士学校里接受严格而专业的训练，以鲜血和生命娱乐残酷的大众。他们不但是那个时代的单挑大师，也是那个时代的大明星。竞技场里技艺精湛的常胜冠军常受到嗜血的罗马市民的爱戴。角斗士通常捉对厮杀，偶尔也进行 2 对 2 或 3 对 3 的组合打斗，或是演绎一些经典战役（电影《角斗士》中就有一场演绎罗马名将西庇阿战胜汉尼拔的战役的决斗）。

虽然很多关于角斗士的记录和文献都流传了下来，但关于角斗士的格斗技术的记载寥寥无几，因此，我们目前看到的角斗士格斗更多是基于想象，或是对美剧《斯巴达克斯》中夸张而华丽的打斗动作的模仿，实战性自然无从谈起。

黑暗时代 [1]——个人武艺的复兴

随着罗马帝国不可避免的衰败和灭亡，西欧进入黑暗时代，古希腊、马其顿和罗马的军事遗产和军事科技大部分都随着罗马帝国的灭亡而遗失或者散落了。罗马帝国时代士兵们普遍装备的锁子甲在黑暗时代早期也变成了很贵重的装备。基于古希腊的几何学、力学和弹道学成就而制造的弩炮和重力投石机等精巧的战斗机械则逐渐失传，蛮族惯于使用的散兵战术和骑兵战术构成了黑暗时代早期主要的战争形态。欧洲特别是西欧（拜占庭帝国还存在）的战斗水平，相对于古典时代出现了退化，使得个人武艺在战场上又重新获得了相对重要的位置。

在法兰克帝国时代，骑士制度在法兰克尼亚地区（包括今天的德意志、法兰西和意大利）的逐步建立使一种拥有大型十字剑格的双刃长剑逐步流行开来。这种剑的原型是罗马骑兵所用的一种叫作"spatha"的长剑，其造型可以追溯到罗马的敌人凯尔特和日耳曼人那里。作为统治阶级的法兰克人曾把这种剑用于成人礼。因为这种剑的造型与十字架的相通之处，它被基督教会赋予了神圣的宗教意义，在很多宗教场合和仪式上都可以直接用作十字架，起到法器的作用。

公元 6 世纪左右，马镫的出现使法兰克骑士可以把长枪夹在腋下，以空前密集的队形发起排山倒海的冲锋。拜占庭帝国的公主安娜科穆宁

---

[1] 指中世纪早期。

娜写道："一个骑在马上的法兰克人能撞穿巴比伦的城墙。"虽然有些言过其实，但也足见法兰克骑士冲锋的威力之盛。冲锋过后，失去了长矛的法兰克骑士就会立刻拔剑加入混战，一些在冲锋中失去战马的骑士也要在步战中用剑与对手厮杀，这对骑士的剑术提出了很高的要求。因此，骑士从小就要接受严格的剑术训练，在长大成为另一位骑士的侍从后，继续接受他的指导和训练，继承他丰富的战斗经验，并获得亲自上场磨炼的机会。尽管当时一把剑的价格比五头耕牛还贵，但仍被用作一种标准配置的副武器，在骑士阶级中基本达到了人手一剑。

▲ 描述诺曼征服的贝叶挂毯（11世纪），可以看到，骑士剑和锁子甲是诺曼骑士的标配，还有很多人持有鸢形盾

这个时代的十字形长剑，或者叫武装剑、骑士剑，在战场上的表现未必比同时代东方流行的直刃长刀更出色，因为双刃武器（长剑）的技术相较于单刃武器要复杂一些，需要长时间的练习才能够掌握。长

▲ 在中世纪的恶趣味系列古画《骑士大战蜗牛》中，骑士挥舞的正是一把典型的武装剑

剑的狭长三角形剑身更利于穿刺而非劈砍，劈砍是人类天生就会的一种本能动作，而穿刺则需要大量的刻苦练习。

尽管如此，这个时代的西欧骑士在短兵肉搏中还是不逊于任何东方战士的。公元 732 年，"铁锤宰相"查理·马特指挥的法兰克军队在普瓦提埃彻底击溃了越过比利牛斯山侵入西欧的阿拉伯军队。在战役最后的夜袭引发的混乱肉搏中，训练和装备都比对手好得多的西欧骑士彻底碾轧了拥有宗教狂热的阿拉伯军队并杀死了对方的主帅，取得了最终的胜利。这是穆斯林军队进入欧洲腹地最深的一次，九百年之后奥斯曼军队才摸到维也纳的边儿。

　　值得一提的是，普瓦提埃战役之后十九年（751 年），唐帝国的军队在高仙芝的率领下与阿拉伯军队在怛罗斯（今哈萨克斯坦的塔拉斯）进行了一场规模非常相似的战役，但结果令人唏嘘。

▲ 在普瓦提埃战役中，法兰克帝国的骑士彻底碾轧并屠杀了阿拉伯侵略军，使他们再也不敢越过比利牛斯山

I.33——第一部系统的剑术著作

▲ 欧洲最早的剑术著作 I.33（残本）

▲ 佯攻对方头部同时伺机重创对手腿部的阴狠招式比比皆是（来自 I.33）

在中世纪早期，骑士武艺的传承主要靠自小接受的严格训练、老一代骑士的亲身传授，以及自身积累的战场搏杀经验，这和世界其他地方的精英战士并无不同。但古希腊哲学传统的逐渐回归，促使西欧的骑士们把他们在世界各个角落与不同敌人（马扎尔人、伊比利亚半岛的摩尔人、突厥游牧骑兵、东方的拜占庭铁甲圣骑兵、瓦兰吉武士、蒙古人等）厮杀时积累下来的格斗经验上升到理论层次，然后将其形成体系并辅以一目了然的图谱，这就形成了欧洲最早的一部剑术著作。因为原著的一部分已经遗失，因此研究者也不能确定这部残本的名称，于是史学家赋予了它一个编号——I.33。

I.33 号剑谱记录了 1270 年至 1320 年间的一系列刀剑格斗技术。尽管它们明显偏向单打独斗技术，但剑谱中记录的这些实用、凶狠、凌厉的招式，则显示出这些技术明显是脱胎于战场的。在剑谱中，佯攻对方头部而使对手疏于对腿部的防御后一击致残、再从上方给予其头部致命一击的招式比比皆是。

在对 1361 年维斯比战役战场的挖掘中，考古学家发现 I.33 中的记载所言非虚。在挖掘出的 1000 多具战死者遗骸中，超过一半的人头部有致命伤，超过 70% 的死者下肢受过重创。而腿部受伤的死者，通常其头颈部左侧和左肩也有致命伤，说明死者先是下盘受创，倒地后头部又遭到对手自右上向左下的劈砍。这与 I.33 中记载的打斗技术高度吻合。

▲ 维斯比战场的乱葬坑，大部分下肢受创者头部也有致命伤

兵者不祥

可以想象，当时的人们可能也会把这些凶狠的技术用于司法决斗或街头巷尾的琐事纠纷，以及任何"一言不合"的场合。格斗技术的高低对当时的人特别是贵族而言非常重要，因为那个时代的西欧没有任何个人矛盾是不能通过一场一对一的单挑解决的。如果有，那就再来一场。理论上，你的杀人技术越高，在纠纷中你也就越有理。我们可以看到，在以中世纪为背景的美剧《权力的游戏》中,瑟曦·兰

▲ 一场司法决斗。因为两位骑士从头到脚都被经过热处理的优质钢板保护着，因此，刺穿对方的头盔视窗、腋窝、腹股沟等保护薄弱的位置，就成了一门专业的技术

尼斯特之所以敢在君临城中花样找死，也是因为她有生化魔山这种家伙做代理骑士，所以几乎不可能输掉比武审判。

先驱德意志——从文艺复兴到武艺复兴

文艺复兴给压抑的西欧带来了一股浪漫的气息，但是人类好斗嗜杀的恶习是不会因为浪漫的风潮而轻易改变的。要知道，人类是先有了原

子弹，然后才有核电站的。在文艺复兴时代也是这样，人们很快就把材料学、几何学、力学、数学、解剖学和医学的发展成果用于提高杀人技术。随着金属冶炼和刀剑锻造技术的提高，刀剑可以做得很长而依然保持弹性，这使得长达 45~48 英寸（约 120 厘米）的双手长剑（Longsword）和一手半剑（Bastard sword）开始流行。随之衍生出的德意志双手剑术与意大利长剑术是 14—16 世纪西欧剑术的代表。

▲ 一代德意志剑圣约翰尼斯·列支敦纳瓦

当我们讨论德意志双手剑术的时候，约翰尼斯·列支敦纳瓦（Johannes Liechtenauer，部分文献按照英文拼法翻译成理查德特纳）是一个无法绕开的人物。他是一位生活在 14 世纪神圣罗马帝国的剑术大师，在经历了无数次战斗和司法决斗还依然活着之后，他决定将其剑斗艺术传承下去。为了防止他的高超技艺落入他人之手，他使用了一系列嵌套着隐喻和字谜的晦涩长诗来记录他所创建的这一剑术体系。直到今天，语言学家也难以弄清楚这些用中古德文写成的诗歌的确切意思。

幸运的是，他的高徒们并不像大师本人那么小气。他们用直观的文字和形象的图谱记录了大师的剑术，使得这一体系的剑术得以广泛传播并代代流传。

▲ 剑圣最有名的徒弟之一汉斯·塔尔霍夫（Hans Talhoffer）

德意志双手剑术是一种基于几何学和力学的精妙技术，没有东方式的宗教意味和玄幻色彩，一切招式均是为了最高效地结果对手。

在德意志剑术体系中，长剑的剑身被分为强部（靠近护手的位置）和弱部（靠近剑尖的位置）。德意志双手剑术要求剑手在攻击和防御的剑刃相格中，使用剑身的弱部攻击，而使用强部进行格挡和防御，从而使自身在杠杆作用中始终处于有利的一方。

德意志双手剑术非常注重"势"的作用，常用的势有顶位起势（Vom Tag）、牛位势（Ochs）和犁位势（Pflug）以及傻瓜势（Alber），其他较少见的有钥匙势、独角兽势和铁门势。每一种势都包含着攻击和防御两种功能，因此，一套流畅的攻防动作实际上是不同势之间的转换。比如，由顶位起势发起针对对方头部的一记下劈（Oberhau）之后，可以立马上步来一记上劈（Unterhau），这时候即使你的两次攻击均未得手，但你的身体已经自然而然地处于牛位防御的状态——剑尖直指对

▲ 德意志剑术非常重视的听劲和绞剑，实际上是在不断变化的杠杆作用中对中心线的控制和争夺

▲ 牛位防御实际上也是一种攻击动作，他能在防御对手从上至下斩击的同时发动刺击，直指对方的面部、颈部或胸部

　　手的面部，对手即使想反击也无机可乘，不得不掂量一下了。

　　在这一剑术体系中，攻击被精确地分为劈砍、突刺和拖割三种。从一个势中常常可以发起三种不同的攻击，其中劈砍是人类最本能的动作，最容易掌握，因此招式也最多。而突刺最隐蔽也最致命，因此常用于突袭和出人意料的反击。拖割的伤害程度最轻，但对于由一堆脆弱的骨头、韧带和血管组成的手部来说足够了，因此，它常常用于交剑时顺势而下对手部的攻击。

　　随着市民阶级的崛起和各种公私决斗的流行，16 世纪的神圣罗马帝国涌现出一大批剑术学校，也诞生了约阿希姆·梅耶（Joachim Meyer）这

▲ 针对手部的拖割不需要多大力量就能让对手彻底失去反击的能力

样的大师。他将德意志剑术进一步理论化、科学化和体系化,其所著的《剑斗艺术》(*Grundtliche Beschreibung der Kunst des Fechtens*) 一书构成了欧洲历史武术（HEMA）复兴的基础。他通过梅耶方块[1]进一步精确了长剑劈砍的八种线路,学生无论从任何一个方向按照 1234–4321 顺序发起劈砍均能保持自身处于从一个势向另一个势转换的过程,换句话说,时刻处于可以随意切换攻击与防御方式的状态中。

同时,梅耶还在地上标记了步法的线路,使得学生的步法、身法和剑法能更快融为一体,这与现代体育运动训练中使用标记碟训练运动员

---

[1] 一种劈砍线路图。

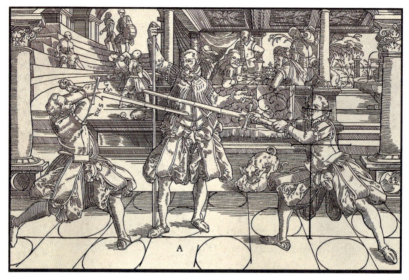

▲ 梅耶的训练方法与现代体育非常相似，注意地上的线路

的方法非常相似，可见当时德意志地区剑术学校的训练水平已经达到相当高的水平，从这里走出去的剑客们，其水平也可想而知了。

德意志双手剑术不仅可以用于长剑和手半剑，也可以用于长度更加夸张的战阵武器大剑（Claymore）和德意志双手大剑（Zweihänder），后者因为是历史上著名的德意志双手剑士（Doppelsöldner）的武器而尤为著名。

德意志双手剑士又可直译作都卜勒武士（都卜勒即德语"双份"的音译），或意译作"双饷剑士"。都卜勒武士是 16 世纪德意志佣兵部队中的精英武士，其军饷是普通士兵的两倍。他们常身着制造精良的马克西米利安半身板甲，下半身穿着造型夸张的切口装，使用一把通常超过 55

　　　　　　　　　　　　　　　　　　　　　　　　　　　　兵者不祥

▲ 冲击瑞士人枪阵的都卜勒武士，这样做的死亡概率非常高

英寸（约140厘米）甚至达到67英寸（约170厘米）的长剑。他们负责在战争中冲击由4~5米长的长枪构成的方阵，用双手大剑斩断前排士兵的长枪，力图在枪林中打开缺口，进而冲进密集的长枪兵阵中大肆斩杀，掀起一场残肢断臂的血肉风暴。都卜勒武士通常是所有雇佣兵中作战最勇敢、技艺最高超的人，在军队中享有非常高的地位。德意志雇佣兵的每一个四百人的连队中，大约有一百名都卜勒武士。

因为德文水平的缘故，许多国内资料常常把都卜勒武士和另外一种先锋部队——凄惨无望队（Verlorene Haufe）——混淆，误以为两种部队是一回事。实际上，凄惨无望队就像它的名字一样，是由一些犯了军法的罪犯、俘虏和倒霉鬼组成的装备很差的部队。他们负责作为先锋试探敌人的火力，或是自杀式地冲击敌人的长枪方阵，为己方的火枪手赢得装弹时间。他们寄希望于能在战场侥幸活下来以获得免罪的机会，作战时通常打着一面深红色的"血旗"，这旗帜往往也象征着他们的最终命运。

致命的优雅——剑斗艺术的全盛时代

约阿希姆·梅耶的《剑斗艺术》一书共分为五个部分：第一部分写的是当时盛行的长剑剑术；第二部分是一种德国短刀杜萨克（Dusuck）的格斗技术；第三部分是劈刺剑（Side sword）技术和迅捷剑（Rapier）技术；第四部分是短剑与匕首技术；第五部分是棍术。由此可见，当时（1570年）迅捷剑已经相当流行，这时的迅捷剑还没有发展出后来那种复杂的护手，其剑身看起来相对后来的较宽，护手也比较简单。很可能梅耶本人在著述时也未曾想到，这种看起来造型优雅的武器会主宰下一个世纪的决斗场。

迅捷剑是一种拥有细长剑身和复杂护手的单手武器。门外汉根据它独特的造型也可以看出来，这是一种以穿刺为主要攻击方式的武器。事

▲《剑斗艺术》中的迅捷剑术

▼ 科学的训练能使剑手发出最快速、最精准也最致命的一击

实上，它也确实是由中世纪的一种用来刺穿铠甲的穿甲刺剑（Estoc）发展而来的。迅捷剑的重心较所有刀剑都靠后，几乎就在护手的位置，这使得剑手能够轻巧地把剑尖准确地对准目标。

迅捷剑的出现标志着随着医学的发展，人们已经认识到穿刺对人体组织造成的贯通伤要比砍劈造成的切割伤致命得多。被砍下四肢所造成的伤口固然可怕得多，但救治及时的话，保命的概率也不小。然而，身体即使被很细的锐器刺穿，即使从外部看只有很小的伤口，伤者却十有八九会死于肝脏或脾脏破裂造成的内出血，或是肠子被刺穿造成的腹腔大感染。因此，千万不要被迅捷剑优雅的造型所迷惑，误以为其杀伤力有限。

如此细长的剑身和如此短的剑刃，决定了这种剑的劈砍能力很弱，但这并不意味着它不能劈砍。迅捷剑针对裸露部位（面部和脆弱的手）的抽击还是能够造成很严重的伤害的。许多人关于迅捷剑不能劈砍的认知其实是一种误解，常常是因为他们混淆了迅捷剑和其后代——小剑（Small sword）。

因为要在格斗中保持剑身的强度以使其不至于折断，许多迅捷剑的剑身横截面都变成了菱形，再加上其复杂的大型护手，使它的分量远不像看起来那么轻。实际上，迅捷剑通常重3磅左右，几乎和一把长剑一样重，因此，看似优雅的剑斗技术实际上需要相当的体力和耐力来施展。尽管如此，迅捷剑的流行还是标志着个人武艺（单挑技术）和战场武艺的分道扬镳，因为这种武器更适合作为市民和贵族阶层防身、决斗和街头斗殴的家伙。对战场来说，迅捷剑的功能太单一，对使用者的技术要求也显得太高。

▲ 迅捷剑最佳的使用场合是决斗和街头巷尾的斗殴，因此也诞生了许多富有生活气息的奇葩技术

如果说德国人是长剑时代的主宰，那么西班牙人和意大利人无疑是迅捷剑时代的主宰，这两个民族追求华丽和浪漫的天赋显然已作用于他们生活的所有方面。西班牙人不但使用迅捷剑解决街头巷尾、酒馆和妓院里的琐碎纠纷，甚至把这种剑带到了战场上，尽管它并不属于那里（参见电影《佣兵传奇》）。

西班牙特色的迅捷剑术在西班牙语中叫作"La Verdadera Destreza"（至高之术），由此可见其在西班牙人心目中的地位之高。西班牙迅捷剑术的基础是一种圆形的图谱，它被称为玛丽切斯基圆圈，其中布满了复杂的几

▲ 一代单挑王 Thibault of Antwer1628 年所著的剑谱 Girard Thibaud d' Anvers 里的插图

何线条。剑手的每一次移动、每一次攻击和防御，均遵循其中计算好的线路进行，力求在最巧妙的角度以最快的速度击中对方，而不被对方击中。这种剑术不但是勇气和技艺的较量，更是一场比拼智力的数学竞赛。

意大利人虽然在战场上表现得一塌糊涂，但是经常为争夺情妇这种头等大事拔剑斗个你死我活，这让他们练就了一身不错的单挑本事。与西班牙剑术讲究不停地绕圈移动和试探攻击以寻找机会相比，意大利人的打法更冷静，移动和试探相对较少，更讲究以静制动，瞅准时机以刁钻的角度向着敌人的破绽一击致命。

有关西班牙剑术和意大利剑术最直观的比较，可以参考电影《佣兵传奇》。在电影里，西班牙剑客迭戈·阿拉特里斯德（Diego Alatriste）和来自巴勒莫的意大利剑客进行了一场宿命对决。该片的剑术指导鲍勃·安德森（Bob Anderson）本人就是一位著名的剑客（他也是佐罗系列电影和《星球大战》的剑术指导），因此，片中的打斗场面非常真实而出色。

兵者不祥

小剑时代——剑术的衰弱与转型

▲ 一把极尽奢华的小剑，从中可以看到它的三棱形剑身，这把剑的装饰可谓金碧辉煌

如果说西班牙人出于对迅捷剑偏执的热爱，加之对自身剑术的自信，还能够把迅捷剑用于战场的话，那么大概没有什么人能够把迅捷剑的后代小剑带上战场了——如果你真的用它作战，那基本也就和自杀差不多了。当然了，服饰华美的将军们都会佩带一把精致的小剑来彰显自己的身份和勇武，反正他们也不太可能被卷入残酷的肉搏战。

小剑是迅捷剑在 18 世纪的直系后代，在《剑豪时代——文艺复兴决斗史》中我曾介绍过，小剑是为了决斗而专门改进的小型轻型迅捷剑。因为剑身实在太细，小剑常常不得不采用菱形或三角形的剑身来提高结构强度，因此完全丧失了最后的劈砍能力（一些小剑还保存着象征性的刃）。为了降低其重量，它的大型护手也被小型化和简单化了。小剑更轻（2磅），也更短（约 0.9 米），因此，剑斗的攻防变得越发快速和复杂。因为重量的大幅度降低，女性逐渐也能够在剑术学校学习剑术并与男子同台竞技甚至决斗，这使剑斗越发像一门时髦的运动，而渐渐丧失了武艺的本质。

▲ 练习小剑技术的法国贵族，这是贵族必备的技能，也是一种时髦的运动

    在小剑时代，决斗的死亡率有所降低，但这并非全是小剑的功劳。小剑在本质上依然是一把尖锐的三棱或四棱大锥子，其杀伤力和20世纪80年代流氓打架时惯用的三棱刮刀差不多，不需要多用力就能轻松洞穿人类的肉血之躯。死亡率的降低主要得益于人类社会文明程度的提高，不死不休的死斗模式逐渐被放弃，决斗逐渐变成社交礼仪的一种特殊表现形式，不再以杀死对方为目标，而是一方受伤即告终止。到了后期，只要一方流血，决斗即告终止，决斗双方也都能得到荣誉上的满足。但好景不长，因为个体差异造成了人与人之间剑术水平的高低之分，决斗很快进入手枪时代。尽管手枪时代沿用了小剑时代"受伤即止"的决斗规

兵者不祥

则，但当时使用的铸铅子弹初速很低，射入人体后会发生很大的形变，在人体组织中尽情地释放动能，甚至碎成几块，即使仅被射中四肢也常常需要截肢，侥幸不死者也会长期遭受铅中毒的折磨。

此时的战场上，刀剑类武器的主宰已经变成了一种东方血统的军刀（Saber），而不再是剑。军刀的前身是游牧的突厥、鞑靼人使用的带有弧度的马刀。这些游牧民族本来也是使用直身直刃

▲ 一场贵族女士之间的小剑决斗，袒露上身是为了防止剑把衣服刺入身体，造成感染，这在当时很危险

▲ 19 世纪主宰战场的是来自东方的军刀

的单手刀剑作为其在马背上的武器的，他们的刀剑是何时及如何变弯的，一直是学术界争论的一个有趣问题。

14—15 世纪，东欧诸国在与奥斯曼帝国的战争中连战连败，许多国家沦为奥斯曼帝国的附庸，基督的子民被迫改信伊斯兰教。1396 年 9 月 25 日，奥斯曼军在尼科堡粉碎了欧洲人好不容易才拼凑起来的一支精锐的十字军，超过 35000 名十字军战士殒命于奥斯曼人的弯刀和多瑙河的波

涛，大批被俘骑士被奥斯曼苏丹巴耶塞特下令屠杀。如果不是另一位比巴耶塞特更强大的游牧君主——自称为成吉思汗之后（存疑待考）的帖木儿掏了巴耶塞特的老窝，使他不得不回师本土救援首都安卡拉，欧洲人可能还会更惨一些。好在帖木儿不负众望，1402 年，在安卡拉北面的库布克（Cubuk）平原经过 14 个小时的激战，围歼了奥斯曼军大部并俘获了巴耶塞特苏丹本人，为东欧诸国暂时续了命。但欧洲一度还是非常恐慌，他们担心帖木儿像奥斯曼人一样继续进攻欧洲，其实后者对欧洲根本没有兴趣，他草草肢解了奥斯曼帝国之后就迅速把注意力转向东方，开始准备完成他毕生的梦想——征服朱棣统治下的明帝国。

暂时安全的东欧诸国痛定思痛，决定放弃"哪个西方国家我没去过"的陈旧思维，开始学习对手的战术和装备。匈牙利和波兰作为奥斯曼帝国大土耳其战争首要的目标走到了改革的最前端，发展出了结合东西方特色的独特兵种，其中以波兰的翼骑兵和匈牙利的骠骑兵最为著名。

骠骑兵放弃了欧洲的传统直剑，而选择了一种与土耳其人使用的刀类似的带有弧度的马刀。翼骑兵则更加东西合璧，他们在战马的一侧放置一把欧洲式的直刃剑，另外一侧放置一把东方血统的马刀，作战时先使用西方式的骑枪冲锋，在撞穿敌人的阵列之后在敌人后方再次集结（这时他们大多数已经失去了骑枪，一般是折断在敌人体内了），然后拔出直剑再次发动排山倒海的冲锋，彻底冲垮敌人后再拔出马刀砍杀溃逃的敌军步兵，或者卷入与敌军骑兵的混战之中。波兰人改造了东方马刀的样式，

　　　　　　　　　　　　　　　　　　　　　　　兵者不祥

增加了其长度，然后加之以欧洲剑的护手，发展出了富有民族特色的波兰马刀，并形成了一套步骑两用、灵活多变、劈砍凶狠的技术，也就是我们现在看到的波兰马刀术。

　　善于学习和总结的东欧人很快就超过了他们的游牧老师，波兰和匈牙利的骑兵在 16—17 世纪多次击败了人数比他们多得多的奥斯曼和鞑靼骑兵，也击败了他们的西欧同行。在 18 世纪的七年战争中，神圣罗马帝国的匈牙利骠骑兵横扫了俄国人从内亚深处带来的卡尔梅克骑兵（蒙古骑兵），使俄国人不再征召土尔扈特人去欧洲作战。波兰人和匈牙利人的辉煌战绩引发了整个欧洲对其作战方式和武器的追捧与模仿，并引发了一股直剑变弯的风潮，最终促成了军刀的诞生。西欧的军刀相比于波兰马刀做了进一步的改进，弧度变得更小以便进行刺击，而护手变得更大了（借鉴了迅捷剑的碗状和碟状护手）。军刀的军事价值使它迅速风靡整个欧洲。到 19 世纪时，除了重骑兵为了冲锋而保留的直剑之外，在欧洲的大多数地方（西班牙和苏格兰除外）军刀都取代了军队中的直剑，欧洲被掰弯了。

　　德国人统治了长剑时代，西班牙人和意大利人在迅捷剑时代平分秋色，法国人在小剑决斗方面遥遥领先，英国人则是军刀时代当之无愧的主宰。这与英帝国 18—19 世纪的扩张史有关，但与我们想象的英帝国主义者用枪炮征服落后民族不同。英国军官，尤其是那些出身贵族的英国军官（他们都在剑术方面进行过学习和训练），非常热衷于在战场上和那些曾在世界上留下威名的古代武士进行白刃格斗。无论是印度的马拉塔人、拉杰普特武士、锡克武士，还是善战的阿富汗人、北非的马穆鲁克骑兵、清帝国的满蒙骑兵，都挡不住这些狂热的英国人，他们的技巧极高，多位英国军官甚至成为使用弯刀的大师。

英国人把自己在征服世界的旅程中的白刃战记录下来并形成了一本书——《大英帝国的剑士》。有趣的是，这本书里还记载了当时已为数不多的"直男"的事迹。比如戈登高地团（苏格兰人组成的军团）的孟希斯中尉，他带着一把祖传的苏格兰阔剑（直身双刃剑）上了战场，并于1880年在坎大哈之战中使用这把剑与一名阿富汗加齐（狂热的伊斯兰宗教武士）单挑并杀死了后者。

六十年后，另一个疯狂的苏格兰直男杰克·丘吉尔（Jack Churchill）

▲ 大名鼎鼎的疯子杰克

兵者不祥

也带着自家祖传的苏格兰大宝剑参加了第二次世界大战，看来苏格兰人是有直男传统的。

19世纪，法国人再次修改了迅捷剑和小剑，使之变得更加安全，也使剑术彻底竞技化，变成了一种时髦的运动，就是我们今天所看到的击剑。迅捷剑成了"Epee"（重剑），而小剑则变成了"Fleuret"（花剑），最终军刀也被日益发展的枪械和刺刀逐出战场而成了"Saber"（佩剑），这就是击剑项目三个分项的由来。尽管这三种击剑运动使用的"剑"（姑且这么说吧）让普通人看起来难以分辨，但我们还是能从规则上依稀辨认出它们祖先的面貌。

源于迅捷剑的重剑运动只允许刺击，有效部位是全身，这大致符合迅捷剑的技术特点（其实它也可以砍），重剑的重量只有迅捷剑的二分之一到三分之一。

源于小剑的花剑运动的中文名称来源于法语的"Fleur"（花）一词，大概是指小剑常用的花朵型护手盘。小剑也只允许刺击，有效部位是躯干，这也与小剑的杀伤特点一致（上文已经讲过，针对躯干的穿刺是可能致命的）。

源于军刀的佩剑运动的中文名称很可能是为了避免混淆，因为军刀（Saber）和佩剑（Saber）是同一个词。尽管佩剑是一根直的金属条，但规则依然是可劈可刺，有效部位是整个上半身（真正的军刀对战中也确实很少有人去进攻对方腿部，因为这会让你把整个头部和大半个上半身都暴露给对手）。

时至今日，随着电子计分器的广泛使用，击剑逐渐变成了一种两个人比拼谁在十六分之一秒（人类反应速度的极限）内首先主动与对手同归于尽的荒诞运动（武艺的意义在于击倒对手的同时保全自己，在如此短的时间内互相刺中根本没有现实意义），彻底失去了剑术的全部意义。

余烬重生——欧洲历史武术复兴运动

击剑运动的出现与兴盛，实际上标志着欧洲剑术的全面衰亡与失传。尽管在 20 世纪初西班牙人还顽固地坚持使用迅捷剑样式的仪仗佩剑，但无可奈何花落去，这改变不了大部分欧洲剑术衰败和失传的结局。所以，我们常看到 20 世纪 60~80 年代的好莱坞电影的动作指导根本搞不清状况，有时演员甚至用日本剑道的动作挥舞欧洲长剑（我的一个美国朋友就曾兴奋地拿着我的长剑，猛然做了一个剑道上段构的动作，结果被长长的十字形护手戳破了头，不得不接受缝针）。最典型的是电影《星球大战》的前几部，绝地武士们的一招一式都透着浓浓的和风，能够明显看出柳生新阴流和萨摩示现流的痕迹。

鉴于这种情况，从 20 世纪 90 年代起，欧洲、美国和澳大利亚的有识之士纷纷挺身而出，发起了一场欧洲历史武术复兴运动。得益于欧洲历

代剑术大师的开阔心胸、
精良笔法和高超画功，现
代的复原者们从 14—19
世纪的剑术大师的著作中
一步步复活了许多已经死
去的技艺，使其重现于世。
这场运动目前方兴未艾，

▲ 早期的欧洲武艺复兴运动

一大批古籍和剑谱正在被剑术爱好者们解读和重构。

　　同时，欧洲的武术竞技也蓬勃地发展起来，欧洲、北美和澳洲都已
经有了相当规模的 HEMA 比赛。参赛者身着现代护具，手持古代武器的
复原品，在场上一较高低，一些选手的水平已经相当高，比赛非常具有
观赏性。

　　欧洲武术的复兴也反过来影响了电影的发展。我们可以看到，在《星
球大战前传 1》中，达斯·摩尔的扮演者曾使用中国的棍术来驾驭他那把
双头光剑，奎刚·金的扮演者利亚姆·尼森（Liam Neeson）则是一位德意
志剑术练习者，一招一式都是原汁原味的德国剑术。利亚姆·尼森还在《天
国王朝》里扮演过男主的老爸老伊贝林男爵（对，就是那位自称睾丸中箭
还战斗了两天的牛人），他在森林里教男主角顶位起势的场景给人留下了深
刻的印象。有趣的是，男主角只学了这么一会儿德国剑术，就能在阿拉伯
的沙漠里以一记漂亮的牛位防御磕飞阿拉伯人的长枪突刺，有点儿过于厉
害了。

以上就是欧洲（主要是西欧地区）剑术发展的历史脉络。欧洲剑术经历了兴盛、全盛、衰败和失传几个阶段，如今已经余烬重生，发扬光大的势头日趋明显。然而，我国的刀剑格斗技术虽号称代代相传，如今却沦为街头杂耍，其中对比不禁令人叹息。

CHAPTER 8

堺市十一死侍
事件始末

民族主义的全部魅力在于其在追求本民族独立与自由时表现出的无与伦比的执着精神、勇气和信念，它们具有飞蛾扑火般的壮烈之美。然而，民族主义一旦沦为利维坦政权的爪牙和走狗，就好比桀骜不驯的女神突然迷上了支付宝，瞬间便面目可憎了。

我曾在《从杀人之刀到活人之剑》一文中提到过 1862 年日本萨摩藩武士在生麦村对冒犯大名[1]的英国商人进行无礼讨，当场斩杀一人、重伤两人的幕末大新闻。在幕末那个乱世，"尊皇攘夷"绝对是最时髦的口号，但攘夷绝不是请客吃饭，拿 U 形锁砸自己人显然是出不了名的。所以，除了"生麦事件"这种公然谋杀外，零星袭击西洋人的野蛮活动也很流行，连伊藤博文这种大名人当年也未能免俗。他在夜里偷偷潜入英国使馆放了一把火，之后与狐朋狗友彻夜狂欢，庆祝攘夷成功。

▲ 萨摩藩武士斩杀无礼英国商人的幕末大新闻——生麦事件

---

[1]　日本封建时期对领主的称呼。

萨摩藩惹了刚刚在第二次鸦片战争中取胜的英国人，是不会有什么好果子吃的。于是，英国人按照他们在东亚的一贯套路，抽调了几艘刚在鸦片战争中虐完清军的军舰，组成复仇者联盟，从清国气势汹汹地开往日本。但是，当时英国人还没弄清日本的政治体制，直接向日本的"合法政府"德川幕府提出了10万英镑的赔偿要求。在19世纪中叶，这是一笔天价赔款，但是风雨飘摇的德川幕府看了看被打得支离破碎的清帝国，

咬咬牙还是背了这个锅，乖乖给了钱。然而，对于交出杀人凶手这一条件，幕府无能为力，只好跟英国人解释了一下日本独特的封建制度，让英国佬找萨摩藩要人。

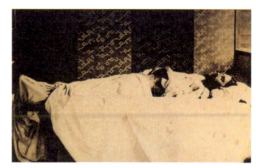

▲ 生麦事件中被大卸八块的英国商人理查德森的遗体

　　英国军舰到萨摩藩后，提出了两个条件：惩凶、赔钱。这时发生了一段小插曲，就是担任翻译的福泽谕吉（现在一万日元纸币上主张"脱亚入欧"的那一位）把英国人"交出杀人凶手"的要求，含

▲ 与英国人交涉的萨摩藩武士团队（右一是福泽谕吉）

　　　　　　　　　　　　　　　　　　　　　　　　　　兵者不祥

含糊糊地翻译成了"交出事件责任人"（可以理解为交出萨摩藩主的辅佐人岛津久光）。对此，萨摩藩一片哗然，断然拒绝了这一要求，久光大怒，扬言："粉身碎骨，夷贼诛罚。"

考虑到当事人福泽谕吉旅欧、旅美的经历和英文水平，如此低水平的翻译错误很可能是他故意为之，存心想跟英国人干一架。这也是当时很多狂热的攘夷青年的梦想。因此，当福泽谕吉的计策成功的时候，战争已经不可避免。但萨摩藩的武士显然狡猾得多，他们用冗长的谈判拖住英国人，让英国人始终相信谈判并未破裂。其实，从萨摩藩把生麦事件的杀人凶手奈良原喜左卫门（英国人并未认出他）派去与英国人谈判的做法就可看出，

▲ 萨摩藩武士决心要跟英国人干一仗，谈判只是个幌子

日本人根本毫无诚意，完全是为了赢得备战时间而谈判的。同时，登上英国军舰谈判的萨摩藩武士也偷偷记住了英国军舰的停泊位置和火力配置。

▲ 萨摩藩的岸防炮台与英军舰队对轰，英军损失不小

此次战争的爆发与珍珠港事件非常相似，日本人先发制人不宣而战，英国人漫不经心，猝不及防。日本人虽然只有80门发射实心炮弹的旧式前膛火

炮，但是因为事先做足了准备，射击诸元准确，使火力占绝对优势的英国舰队一开始就遭受了相当大的损失。英国皇家海军战舰"尤里雅里斯"（HMS Euryalus）号巡洋舰被萨摩军的炮火轰炸了整整两小时才开始还手，但英军的黑科技阿姆斯特朗重型后膛炮很快发挥了作用，而且英军的火炮比萨摩军的要多（火炮100∶80，阿姆斯特朗炮21∶0），萨摩军的炮台一个接一个地被摧毁。

　　然而，萨摩军的岸防炮兵也不是一般人，其中一名炮手就是后来的日本陆军元帅大山岩，而后来在对马海峡团灭俄国波罗的海舰队的东乡平八郎元帅当时还是个搬炮弹的，后来的日本海军名将山本权兵卫当时也赫然在列。这些热血青年舍生忘死，顶着英军的猛烈炮火，顽强地用旧式大炮和英军对射。这时发生了一个意外，英军尤里雅里斯号的舰长和副舰长被萨摩军的一发炮弹同时命中，一炮双杀！由于死伤人数增多，英军无心恋战，报复性地把鹿儿岛炸了个稀巴烂后扬帆而去。

　　萨摩藩武士虽然打跑了英国人，但他们清醒地认识到了自己与英国

▲ 萨摩藩的旧式前膛青铜炮，只能发射实心炮弹

　　　　　　　　　　　　　　　　　　　　　　　　兵者不祥

▲ 英军的阿姆斯特朗7吋[1]
后膛炮（这种火炮曾在八里
桥战役中给森格林沁的满蒙
骑兵造成了毁灭性的打击）

人在军事技术上的巨大差距，于是采取见好就收的策略主动与英国人讲
和，赔了英国人两万五千英镑（这钱是向幕府借的，直到幕府倒台也没还）。
英国人此时也意识到萨摩藩武士不好惹，赢了面子也就罢休了。

　　但在日本国内，老百姓可不这么看，在他们眼里，挑起事端的萨摩
藩武士全都成了攘夷的大英雄，受到狂热的追捧。其他倒幕藩的中下级
武士也摩拳擦掌，不甘落于人后，随时准备找机会搞个更大的新闻。

---

[1]　英寸的旧称，1吋（英寸）约为2.54厘米。

▲ 握手言和的萨英两家一起愉快地数钱的场面

▲ 赞颂萨英战争中的英雄的汉诗：萨州老将冲发冠，天子百官免危难，英气凛凛生麦役，海边十里月光寒

在这种狂热排外的社会氛围下，机会很快就来了。1868年3月8日，法国护卫舰Dupleix号停泊在了大阪港，它在这个时间出现在这里是相当不合时宜的，因为此时倒幕战争（戊辰战争）正进行得如火如荼。倒幕军在一个月前刚刚收复了大阪，而作为德川幕府支持者的法国人出现在这里，毫无疑问是带有挑衅意味的。

然而，法国人似乎不这么看，一群法军官兵此时仍像无事一样，乘着小船优哉游哉地前往毗邻大阪的堺市游玩。这就带来了一系列的外交问题，因为根据法国政府和德川幕府的协议，法国人是可以在大阪地区登岸的，但倒幕军刚刚收复了大阪，所以法国人未经许可贸然进入交战区的行为就有点儿问题了。用《让子弹飞》里面的台词来说，就是"打雷天站雨里头，有点儿不讲究"。

　　　　　　　　　　　　　　　　　　　　　　　　　兵者不祥

此外，法国人在三八妇女节这天上岸以后的行为就更有问题了。就像法国人当时一贯的生活作风一样，他们上岸以后当街追逐、调戏妇女。根据一些说法，他们漫无目的地在神庙闲逛，还践踏了土佐藩的旗帜，这种不检点的行为很快就惹来了当地人的不爽。当时驻守堺市的是土佐藩的藩兵，为首的两人是箕浦猪之吉元章和西村左平次，这些藩兵绝大多数都是下级武士，拥有"切舍御免"（当场斩杀冒犯自己的无礼之人而不受惩罚）的权力。然而，藩兵们并没有立即动手，而是让惹是生非的法国兵立刻滚回自己的船上去。由于法国兵的炮舰就停泊在不远处，所以他们根本没把这些身材矮小、腰里别着两把刀的家伙当回事，嘴里也说了些不干不净的话。于是，双方进入僵持和对骂的局面，在言语不通的对骂中和目光相对中，气氛变得越来越不对劲。[1]

冲突就在法国人"瞅你咋的"的散漫态度中电光石火般地爆发了，武士们猛然拔出了武士刀，藩兵也用步枪猛烈开火，当场干掉了九个法国人。有几个人被武士用刀砍得支离破碎（后来法国人指控土佐武士肢解了死者，土佐武士予以否认），剩下的法国兵逃回了军舰上，其中有两人在第二天不治身亡，死者被葬在神户外国人墓地里（和倒霉的理查德森埋在一起）。围观的群众拍手称快，当事人也觉得自己是在保家卫国，行使自己自古以来的武士权利，认为这事办得一点儿毛病都没有，根本不觉得自己闯下了大祸。

实际上，这件事可比萨摩藩武士斩杀英国商人严重多了，毕竟理查

---

[1]　无礼地直视武士也符合"切舍御免"的条件。

▲ 土佐武士们突然动手，刀砍加枪击，当场杀死了九名法国士兵

德森只是一介平民，而且当时只死了一个人。而此次，土佐武士一口气杀死了十一名法国士兵，几乎等于直接向法国宣战。法国政府本来就对明治政府持不友好的态度，现在终于有机会公开找碴儿了，法国公使在神户外国人墓地发誓要严惩肇事者。于是，法国联合欧洲一些国家，提出"明治政府谢罪、赔偿十五万鹰洋（一种墨西哥银元）、当着法国人的面处决凶手、开放大阪地区港口、撤走驻扎的土佐藩兵"五个条件。尽管当时明治政府已经在内战中取得了决定性的胜利，但德川幕府的势力还未完全被消灭，内战还在继续，因此，明治政府无力对抗如此多的西方国家，遂全盘答应了法国的要求。

兵者不祥

▲ Dupleix 号的舰长贝尔加斯·杜·珀蒂·图阿尔斯

1868 年 3 月 16 日，在堺市的一座日莲宗寺院妙国寺的本堂，参与杀害法兵事件的二十名藩兵在法国军舰 Dupleix 号船长贝尔加斯·杜·珀蒂·图阿尔斯（Bergasse du Petit-Thouars）和该舰一众官兵，以及法国和明治政府外交官员的见证下，接受公开处决。因其全部要求都得到了满足，法国人越发趾高气扬，希望把这次处决弄成一次彰显正义和西方人威严的公审大会，但事情的走向很快变得诡异起来。

明治政府所谓的"公开处决"实际上是责令这二十名藩兵以武士的方式切腹自杀。在日本传统中，切腹被认为是有尊严的体面死法，更何况这二十人根本不认为自己的行为有错，反而认为自己是护国英雄。因此，当这二十人身穿黑色和服雄赳赳地进入刑场并以凛然的目光傲视法国官兵的时候，法国人相当不爽，巴不得他们快点儿死掉。

第一个受死的是藩兵的队长箕浦猪之吉元章（殁年 25 岁）。他按照切腹的礼仪先在白纸上写下辞世诗，然后对着在座的法国官兵怒吼道："你们听好了，（我）今日并非为尔等夷人而死，而是为皇国而死，让尔等见

▲ 一场典型的切腹仪式

识下日本男儿的魂魄!"说罢,他先持胁差刺入左腹,随后横着拉向右侧,然后拔刀再行刺入,从上向下拉开一刀,形成一个十字形的伤口。突然,他猛地将手从伤口处伸入腹(日本人认为灵魂在肚腹之中)中,拽出自己的肠子,准备投掷法国人。法国人见此骇人景象大惊失色。介错人(为切腹者斩首之人)见状,深恐他惹下更大的祸患,随即一刀斩向他,却未能斩断其颈椎,箕浦大叫道:"没死,再来一下!"介错人直到第三刀才完全把他的头颅斩下,结束了这恐怖的一幕。法国官员和军人在震惊之余面面相觑,这和他们设想的场面大相径庭,但也只能硬着头皮看下去。

随后出场的是西村左平次(殁年 24 岁)。这些武士把处决大会当作

兵者不祥

了表达自己爱国豪情的舞台，争相表现其英勇赴死的无畏豪情，场面变得越来越血腥、残酷。在旁监督执刑处决的明治政府官员都感动得流下了眼泪，并以怨恨的目光注视着法国官兵。法国人也越发对这场面感到不适，渐渐地有些坐不住了。紧接着接受处决的是池上弥三吉和大石甚吉，然后是山本义长和胜贺稠迅，到第十二个人桥诘爱平准备切腹的时候，法国人终于忍受不了这惨烈血腥的画面了，面色惨白的法国舰长贝尔加斯·杜·珀蒂·图阿尔斯，这位克里米亚战争中的英雄，一言不发地带领随行人员离开了弥漫着诡异和恐怖气息的处决现场。

因为失去了见证人，这场处决暂时中止。明治政府向法国政府表示，如果法国政府同意，还可以另选时间继续进行。法国政府则向明治政府表示，出于人道主义的考虑，他们认为一命抵一命（法国士兵也死了十一人）已经足以伸张正义了，并建议将剩下的九名武士改为流放。因此，在妙国寺本堂自尽的武士只有十一人，被称作"堺市十一死士"。

这十一个人就埋葬在他们的自尽之地妙国寺，该墓地在"二战"期间被日本军国主义当作宣传工具，从而成为一个"圣地"，战后成了旅游景点。墓地里实际上埋葬了十二个人，多出的那一位就是那个命大的桥诘爱平。没能混成护国忠魂让他感到非常遗憾，他曾咬舌自尽结果又没死成，53 岁去世后，后人将他葬在了十一死士的墓地里，终于了却了他的夙愿。

日本作家森鸥外著有以该事件为背景的短篇小说《堺事件》，因有宣扬日本军国主义和武士道精神的嫌疑，至今未有中译版。

▲ 堺市十一死士的处决地——堺市妙国寺本堂

▼ 堺市十一死士的墓地和供奉塔（上书有"呜呼殉难十一烈士，忠魂义魄长留此冢"等字样）

　　　　　　　　　　　　　　　兵者不祥

CHAPTER 9

怨恨之刃——木曜日
东京当街斩人事件怪谈

木曜日当街斩人事件

　　根据《朝日新闻》报道，2017 年 12 月 7 日晚，在日本东京都江东区的神社富冈八幡宫附近发生了一起颇为诡异的凶杀案。八幡宫宫司富冈长子被其亲生弟弟富冈茂永当街斩杀，其司机被富冈茂永的妻子追砍受伤。之后，富冈茂永刺死共同行凶的妻子，然后朝自己左胸连刺三刀自杀。更惊悚的是，凶案发生两天后，多家报社都收到了凶手富冈茂永的遗书，

表示自己"欲传递真相"，要求神社让自己的儿子接任八幡宫宫司一职，否则"死后也将留在富冈八幡宫，化作怨灵，永生永世纠缠对此提出异议之人"。

▲ 富冈八幡宫当街斩人事件造成了包括凶手在内的三死一伤

　　这一诡异而恐怖的案件不禁让人想起日本作家三岛由纪夫所著的长篇小说《奔马》。这本洋溢着殉难情结的右翼小说中充斥着神社、日本刀、凶杀、切腹等极具宗教色彩的意象。在《奔马》中反复提到的《神风连史话》一书中，由神社神官及其后代为骨干组成的叛军"敬神党"极端守旧排外，其成员走路时宁可绕远路，也绝不从明治政府架设的电线下经过，不得不经过时，他们也以白纸扇遮面而过。在发起神风连之乱时，他们拒绝

使用一切现代武器，坚持以日本刀与装备现代武器的明治政府军对抗，失败后也全部切腹而死。在他们心中，日本刀是一种具有涤荡污秽和伸张正义之作用的神器，因此，挥舞日本刀对他们来说不仅是一种作战方式，也是他们表达真相和维护名誉的宗教仪式。

▲ 三岛由纪夫描写右翼激进青年骚动的长篇小说《奔马》

在八幡宫当街斩人事件中，凶手选择日本刀作为凶器的动机为何、是否具有宗教意味等，都已经不得而知，但单纯从行凶这个角度来说，日本刀实在算不上一件出色的凶器。以常见的打刀为例，其长度通常为90~100厘米，这种尺寸的刀既容易在受害人面前暴露行凶意图而导致受害人逃跑，又容易引起路人和警察的注意，因为日本有严格的《铳

▲ 一代文豪三岛由纪夫在文学作品中酷爱使用日本刀和切腹等元素，最终也按照自己的短篇小说《忧国》中的情节切腹而死，但因介错不甚顺利，场面颇为血腥

炮刀剑类所持等取缔法》。更重要的一点是，没有经过训练的普通人并不能发挥它全部的威力。在八幡宫斩人事件中，凶手的妻子追上受害者的司机，用日本刀在其背部砍了一刀后又返回凶手身边，而这名受害的司

兵者不祥

机并未像其想象的那样死亡，而是活了下来。《奔马》的作者三岛由纪夫一生用极具艺术性的文字描绘了无数次堪称完美的切腹，在自己的切腹仪式上却不得不忍受蹩脚的介错人的连续斩击，不能立即死去。最后，被迫换了一位介错人，这位文豪的头颅才被一刀斩下。

凡间最强之刃——奥义

那么，在宗教、神话、传说交织的迷雾之下，日本刀究竟是一种什么样的武器呢？

常见的日本刀分为太刀、打刀、胁差、短刀、雉刀五种。从广义上讲，凡拥有上述五种刀之外形的刃物，都可以称为日本刀。从狭义上来说，只有用日本铁炼出的钢材按照日本传统方式锻造、研磨和装配的刀，才算日本刀。我们平时所说的日本刀，一般指狭义上的日本刀中的太刀和打刀。

▲ 太刀是日本刀中比较典型也比较华丽的一种

日本刀特有的锻造方式决定了其独特的物理性能。日本刀通常采用鞴鞴（Tatara）冶炼法，这个古怪的名字应该来自古代的朝鲜语"Tatara"（意为火、热），它表明这种冶炼方法是从东亚大陆经朝鲜半岛传入日本的。这一冶炼技术还有两个分支：锤押法和铣押法。其中锤押法多产出坚硬的皮铁，这是构成日本刀坚硬而锋利的刃部的主要材料，它使得日本刀的刃口硬度常能达到55HRC以上。铣押法则多用于产出柔韧的庖丁铁，这是日本刀的芯铁的主要材料。把皮铁弯成U形，再把芯铁嵌入其中锻打成形，就是日本刀最常见的锻造方法——甲伏锻。除此之外，日本刀还有三枚合、五枚合、七枚合、卷和等多种复杂的锻造方式，但无论采取何种方式，用皮铁和芯铁进行软硬结合，使刀身达到刚柔相济，是锻造日本刀不变的宗旨。

此外，日本刀的热处理方式也在很大程度上决定了它的物理特性。日本刀多采用覆土烧刃的方式对刀身进行热处理，刀匠常用砥石粉和黏土涂抹刀身，所裹土浆从刀脊到刃口由厚变薄，刃口处通常不涂。淬火时，包裹土浆较厚的刀脊处冷却速度较慢，能获得软而韧的物理特性，而刃口处直接接触水，冷却速度较快，能获得坚硬的物理特性。如此一来，一把刀的不同部位就获得了完全相反的特性。此外，由于土浆在刀身上敷设的厚薄、形状不同，刀身上会留下花样繁多的热处理痕迹，术语称之为"刃文"。明代武术家唐顺之曾作诗称赞日本刀"重重碧海浮渡来，身上龙文杂藻行"，说的就是这种纹路。

这种独特的热处理方式显然是中日古代文化交流的产物，笔者经手的多件两汉时期出土的刀剑和矛头，都带有明显的覆土烧刃造成的刃文，研磨去肉后寒光四射，远胜许多明清时期的庸品。日本继承了这种独特的热处理工艺并将其发扬光大。在宋元之际，日本的锻造和热处理水平已经超越中国，到明代已胜出中国颇多。上文提到的唐顺之在诗中说"闻道倭夷初铸成，几岁埋藏掷深井，日淘月炼火气尽，一片凝冰斗清冷"，这说明他不太了解日本刀的锻造和热处理工艺。同时代的学者宋应星也说"倭国刀，背阔不及两分许，架于手指之上，不复倚倒，不知用何锤法，中国未得其传"，这说明当时中国的刀剑锻造工艺不但远不及日本，而且连自己最初的锻造和热处理工艺也不甚清楚了。

　　这样的锻造和热处理方法创造出的产物就是日本刀，它拥有同时代多数同类刀剑都不具备的刃口硬度，对无防护的人体具有出类拔萃的斩切力。此外，由于鞴鞴冶炼法的效率不高，古代人常需耗费大量的精力和资源才能完成一把刀，且要经过颇多波折，因此，早期制刀时很容易失败。这种在古代堪称骇人的杀伤力和复杂而曲折的制造过程，使古代日本人产生了刀中有灵的原始崇拜。这种原始崇拜又和日本本土的神道信仰相结合，产生了一系列富有宗教色彩的传说和神话。这些神话和传说主要分为三大类：第一类是关于日本刀降妖除魔、斩杀魔物的，比如有关鬼丸国纲和童子切安纲的传说；第二

▲ 歌川国芳所作的著名浮世绘《相马旧王城》（相馬の古内裏）描绘了源赖信的家老大宅光国降服骸骨妖怪滝夜叉姬的情形

类是关于日本刀出类拔萃的斩切力的，比如有关伊达政宗的佩刀影秀的传说；第三类是关于一些"妖刀""凶刀"的怪谈，以"村正妖刀"的传说最为流行。通过这些传说，我们可以窥探与日本刀相关的传说的历史形成过程。

神器、利刃、魔物——日本刀的三重意向

童子切安纲

平安时代，大江山中有一名为酒吞童子的妖怪作祟，经常带着一群妖怪掳掠人来吃，当时的阴阳师也对此一筹莫展，一条天皇遂命令当时有名的剑豪源赖光去降服酒吞童子。源赖光祭拜了清水八幡、住吉和熊野三神社之后进山除魔。他在山中得到了三位神秘老人的帮助，把酒吞童子及众妖魔灌醉后，一刀斩下了酒吞童子的头颅，救回了被掳的女子。源赖光斩杀酒吞童子的太刀后来被称为"童子切安纲"，据说有攘服妖凶的神力，被历代当权者和皇室所珍藏。

▲ 歌川国芳的浮世绘作品《源赖光大战酒吞童子》

鞍斩

安土桃山时代，伊达家第十七代家督伊达政宗受丰臣秀吉所遣，于文禄二年（1593 年）4 月 13 日渡海抵达朝鲜釜山，开始了征伐（侵略）朝鲜的军事活动。伊达政宗先后转战梁山、蔚山、金海和晋州，曾在战争中用佩刀"影秀"斩杀了一名朝鲜（一说明军）将校，一刀从其左肩一直斩到胯下的马鞍处，此刀遂得名"鞍斩"或"鞍止"（类似的传说还有本多忠胜的名枪"蜻蜓切"，传说蜻蜓立在枪尖，竟然被过于锋利的枪刃切成了两半）。

▲ 正在参见丰臣秀吉的伊达政宗

妖刀

村正（Muramasa）是伊势桑名地方的刀匠所造的刀（也有枪，品种繁多）。从室町时代到江户时代，一连几代的刀匠都使用这个刀铭。在以锋利著称的日本刀中，村正也是佼佼者。传说将村正刀立在水中，顺流而下的落叶碰到刀刃即被分为两半。据传，由于刀匠过分专注于刀的锋利，使得刀上附有执念和邪气。

"妖刀"一说兴起于德川幕府统治末期，传说德川家连续三代都是被村正刀所杀（伤）的。家康的爷爷曾被家臣用村正刀一刀从肩膀劈到腹部，家康的父亲和长子也死于村正刀，而家康本人也曾被村正刀所伤，因此，他十分忌惮和憎恶村正刀。幕末的倒幕志士对此坚信不移，即使找不到村正刀，他们也要在自己的佩刀上刻上村正的刀铭，以期一举推翻德川幕府。

"妖刀"一说随着倒幕战争越传越广、愈演愈烈，逐渐深入民间，产生了许多光怪陆离的怪谈。有人说村正刀会使持有者发狂，据说某地一武士曾突然发狂以村正刀斩杀了好友，或说某地一贩售村正刀的商人在夜里突然斩杀了妻子，又说某武士突然失去心智拔刀斩杀了主公，清醒之后悔恨不已，又以村正刀切腹。最离奇的莫过于传说江户城有一黑衣武士，总在夜里以行人试刀，他以夜行人的灯笼为目标，总是以逆袈裟斩[1]把人和灯笼一刀两断，弄得人心惶惶。官府设计捕捉这个试刀人，捉住之后众人大吃一惊，原来这个试刀的武士早已死去多年，五脏六腑都已不见，只剩下一个躯壳，早已成为妖刀村正所控

▲ 德川家康的爷爷松平清康，据说被发狂的家臣阿部弥七郎用村正刀一刀从肩膀劈到腹部，死状十分凄惨

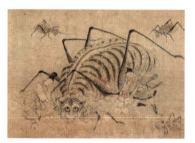

▲ 武士大战妖怪。日本刀降服妖魔的系列传说可以追溯到14世纪以前，图为南北朝时期（1336年—1392年）的《土蜘蛛图卷》

---

[1] 左胯至右肩自下而上的斩击。

制的人皮傀儡。

以上三个广为流传的传说分别代表了日本刀在日本人心目中的三重意向，即神器、利刃、魔物。神器和魔物一说自然荒诞不经，那么，日本刀是否真是传说中能把骑在马上的人一刀从肩头斩到马鞍处的利器呢？

生试、死试、荒试——日本刀的血腥测评

通常来说，比较典型的直刀，如中国的环首刀，在同等力量下对肉体的劈砍深度最深，带有内弧者尤甚。而比较典型的弯刀，如舍施尔（Shamshir）、塔瓦（Tulwar）等，其劈砍的垂直深度则远不及直刀，但其利用弧度的切割效果所造成的伤口远大于直刀。简单地讲，直刀利劈砍，造成的伤口深而不大，弯刀利切割，造成的伤口大而不深。

日本刀的造型恰恰介于这二者之间（更偏直刀一些），因此，它具有以劈砍为主、兼顾切割的物理特性。以笔者试斩草榻、猪肉的经验来看，就打刀的长度（一米左右）和质量（一千克左右）而言，其对无防护肉体的破坏力的确在同类武器中无与伦比，在劈斩肌肉、脂肪、软组织时阻力很小，通过性[1]极高。由于其独特的造型和复合结构，刀身斩入肉体

---

[1] 即刀身在物体中运动的性能。

后不易发生大幅度的简谐振动，动能损耗较少，因此，力量能够集中于刀刃并继续向被斩物体深处运动，从而获得更加深入的伤口。

此外，日本刀的刃口硬度在同时代世界范围内的诸多兵器中尤为出类拔萃。因为"软而韧、硬而脆"这一对热处理矛盾的存在，多数古代兵器的刃口都无法做得很硬。由闻名世界的大马士革钢制成的刀，其刃口硬度也不过 50HRC 左右，而日本刀由于其软硬结合的结构，刃口可以保持很高的硬度且刀身不易崩坏。许多新刀期（相当于我国明、清时期）的作品的刃口硬度可达 55HRC 以上，极高的刃口硬度不仅赋予了日本刀出类拔萃的斩切力，也赋予了它较高的锋刃保持度。简单地说，同样斩猪，同时代的其他刀剑可能斩一两头猪后其锋利度就会显著下降，不得不磨砺，而日本刀可能斩三四头猪后依然保持着相当高的锋利度。

古代日本人对日本刀的锋利度的追求和崇拜几乎达到了病态的程度，许多名刀都以人体来测试锋利度，有生试（试斩有罪的死囚）和死试（试斩尸体）两种。试斩过的刀，其刀茎上会刻有"三胴截断""二胴切落"的字样，并附有试斩人体者的画押，称为截断铭，是斩切力的血腥证明。以上總介藤原兼重作于宽文二年（1662 年）的打刀为例，刀茎上刻的"三胴截断"代表试斩者以此刀一次斩断了三具人体,试斩者为山野加右卫门。他是江户时代的一位武士，主要进行的是死试，即把死尸重叠置于土表[1]之上，尸体下面垫着装满了稻糠的袋子以防止刀刃斩断尸体后被土表所伤。试斩者通常从死尸的腰部斩入，一刀彻底斩断几具尸体，则标注为

---

[1] 此处泛指圆形的土台、土墩。

▲ 一把收藏于纽约大都会博物馆的日本刀，锻造于宽文三年（1663 年），截断铭为"二胴截断"，即曾一刀斩断过两具尸体

▶ 此刀上的截断铭和画押清晰可见，试斩人也是山野加右卫门

几胴切落。这位试斩者山野加右卫门的最高纪录是使用一把二代兼元的关孙六完成了四胴斩。

尘归尘、土归土的现实之刃

　　日本刀虽然没有能立刀流水断叶和蜻蜓立刃自戕那种神乎其神的本事，但确实拥有无与伦比的斩切力。然而，这种斩切力足以让日本刀成为古代战场上最强的冷兵器吗？并不能。在充斥着射程超过 100 米的弓箭、铁炮以及长 4~5 米的长枪的战场上，三尺长的打刀实在无法作为主战兵器。

▲ 弓箭是铁炮出现之前造成战场死亡的主要原因之一

兵者不祥

在战场上武士一旦拔出佩刀，通常意味着战争已经进入了最后阶段，他已经失去了其他的所有武器。在日本战国时代，造成战场伤亡的第一原因是铁炮，其次是弓箭和长枪，由日本刀造成的伤亡仅占十分之一。

日本刀在战场上缺乏存在感的另一个重要原因是铠甲。能够一次斩断两三具尸体的名刀，却往往无法奈何一件普通的铆接锁子甲，更遑论比锁子甲更强的札甲和板甲了。尽管日本刀也有荒试（试斩硬物）测试，但多数时候斩击铁甲除了给坚硬的刃口添堵（伤）之外，不会给身披铠甲的敌人造成比瘀伤更重的伤害。

因此，日本刀在战场上的作用更类似于手枪，是一种自卫武器，同时兼具一种特殊的职能——在战场上割下敌人的首级。

尽管日本刀在战场上既不是主战武器，也不是什么最强冷兵器，却在另一个场合大放异彩，那就是幕末频繁的市井暗杀和乱斗。在双方都不穿铠甲的市井械斗中，日本刀对无防护人体的毁伤能力被表现得淋漓尽致，

▲ 日本刀差不多是日本武士最后的武器了

遂有了幕末四大人斩的传说。在这种无防护的日本刀械斗中，生死只在须臾之间，决定双方生死的，一半是剑术，一半是运气。一般来说，双方在武器上并不存在大的差别。然而，当一方穿上铠甲之后，日本刀缺

乏破甲能力的劣势，通常使这种械斗变成单方面的屠杀。

1864 年 7 月 8 日，京都守护职属下的武装组织新选组在近藤勇的率领下突袭意图倒幕的长洲藩士所聚集的旅馆京都池田屋。新选组一方情报失误，在 5 人突入池田屋后才发现屋子里聚集了 20 多人，战斗就在 4 比 1 的悬殊人数差距下爆发了。结果却令人瞠目结舌，人数占优势的长洲藩士死伤惨重，人数处于劣势的新选组的损伤却微乎其微。这是因为新选组除了占有突然袭击的先手，还预先在衣服里穿上了锁子甲，并佩戴了额铁（保护头部和面部的护具）和笼手（手甲）。

从神器到利刃再到魔物，日本刀在这三重意象中渐渐模糊成一种文化符号，战场上的鸡肋这一身份并不妨碍它成为日本民族灵魂的一部分。在电影和动漫中，日本刀如若无物般斩开铠甲、人体、汽车甚至战舰，续写着本不存在的最强冷兵器传奇。

CHAPTER 10

威斯康星州
狩猎人类事件

这场残暴的欢娱，必将以残暴结束。

——莎士比亚《罗密欧与朱丽叶》

最近 [1] 有两则很有意思的新闻：一则是美国佐治亚洲圭奈特郡（Gwinnett）的华裔女店主陈凤珠拔枪以一敌三击退入室抢劫的非洲裔歹徒，并击毙一人的案件；另一则是密歇根州立大学的中国留学生用北方工业公司出口的97式霰弹枪（出口代号为HAWK-12）击退三名非洲裔歹徒，其中一名歹徒重伤不治而死的案子。笔者曾经接触过这种枪，因此可以想象歹徒被威力巨大的12号霰弹打成筛子后一定经历了生不如死的煎熬。

长期以来，欧美人对亚裔人特别是东亚人的刻板印象（呆子学霸、中餐店服务员、洗衣店小哥、送外卖的、不爱惹事的乖孩子、数学超好的傻蛋），使得亚裔人的尊严和合法权利在欧美社会常常处于被忽视的地位。这两则亚裔合法使用枪支捍卫自身尊严和生命安全的新闻一扫YouTube上关于亚洲人软弱可欺的种种乌烟瘴气的偏见（很多黑人说唱歌手都隐晦地鼓吹和怂恿针对亚裔的暴力犯罪），获得很多外国网友的称赞。

然而，在亚裔人的维权和自卫意识尚未完全觉醒的十多年前，并不是每一个亚裔人都能像上面两位那样合理合法地使用枪支维护自己的尊严和权利。今天我们讲的就是一个亚裔猎人关于枪支、尊严、复仇、杀戮和死亡的黑暗故事。

---

[1] 本文写于2016年10月。

孤独的猎鹿人

在地广人稀的威斯康星州，一年一度的猎鹿节是少有的传统盛事，节日期间有着悠久猎鹿传统的森林边缘居民通常会组成 5~15 人的狩猎小组，深入北部茂密的森林，希望能在为期九天的猎鹿节中猎到一头漂亮的雄鹿（具有标志性的庞大鹿角），然后用处理过的鹿头装饰自己的客厅，以彰显客厅主人的勇气和技艺。

罗伯特·柯路图（Robert Crotteau）和他的儿子居伊·柯路图（Joey Crotteau）就是这样的人，他们在威斯康星州北部拥有 400 英亩[1] 的私人森林。2004 年猎鹿节开始的时候，柯路图父子和他们的朋友组织了一支 14 人的狩猎队进入了自家的森林，打算按照威斯康星人的传统猎几头鹿。11 月 21 日，他们在森林里遇到了一个行踪奇怪的亚洲人，看起来像是中国人。这人穿着猎人外套（一面是森林迷彩图案以方便狩猎，一面是鲜艳的橘色，便于在猎人遇险时救援），携带着一支改装过的 SKS 半自动步枪，孤身一人站在柯路图父子的队伍搭建的狩猎平台（tree stand）上四处张望。这里需要解释一下的是，狩猎平台是北美猎人搭建在树上的一种可以供人站或坐的架子，在平台上既可以获得更开阔的视野以观测猎物的行踪，也可以在不惊动猎物的情况下从平台上向下射杀附近的猎物。

白人猎手通常以狩猎小组的形式猎鹿，这个独行的亚洲人的猎人外

---

[1]　约为 1.62 平方千米。

套上缀有威斯康星州自然资源局发放的狩猎许可号码，说明他是合法的猎手，但他不合常理地出现在了柯路图的私人森林中。最合理的解释就是，他是孤身一人进行狩猎的，在追踪猎物时迷路了，误入了他人的私人领地。

来自亚洲的神枪手

这个孤独的猎手名叫万柴（Chai Van），他并不是中国人，而是一位来自老挝的苗族猎人。他于 1968 年出生在老挝和越南交界地区的一个山村里，其部族以盛产优秀的丛林猎手而著称。在越南战争期间，美军从老挝招募了许多拥有丰富丛林特种作战经验的苗族猎人，来对付越共游击队在胡志明小道无休止的渗透和袭扰。这些苗族猎人往往穷得除了自己的生命和枪外一无所有，因此也乐于为美军服务。万柴的父亲万差（Cher Van）就是这样一位为美军作战的雇佣军，他在无数次残酷而血腥的丛林游击战中顽强地活了下来，万柴是他六个孩子中的第二个，也是最大的儿子。

1975 年 4 月 30 日，越共的坦克开进了西贡（今胡志明市），南越政权灭亡，无数知识分子、教师、商人、政府官员和南越军人拥上美国人的军舰逃向未知的怒涛。手上沾满了越共游击队队员鲜血的万差担心越共报复自己，举家逃往泰国。在那里，万差找到了曾经的雇主美国人，要求他们按照承诺把自己和家人送到美国。和好莱坞电影中的情节不同，美国人信守了承诺，把这批曾为美军作战的苗族雇佣兵安置在了美国北部的威斯康星州。

1980年，万柴一家人终于结束了颠沛流离的生活，到达了美国。后来，万柴进入圣保罗高中学习，并根据父母之命与一名姓熊的苗族姑娘结婚。1985年，万柴一家搬到了加州的斯托克顿，万柴进入当地的富兰克林高中学习，并很快表现出领袖潜质，成为当地一个苗族移民组织的领导人。

1989年，万柴第一次展现出其在精准射击方面的可怕天赋。加入加州国民警卫队的他在得克萨斯州山姆休斯顿（Sam Houston）军事基地接受训练期间，在100~400码的移动目标射击训练中，击中了40个目标中的35个，获得了国民警卫队神射手徽章。对亚裔移民来说，这是一个惊人的成就，因为在当时美国人的固有观念里，东亚人对武器特别是枪械是天生抵触而厌恶的。

Expert

Sharpshooter

Marksman

Clasp (typical)

◀ 左起第二个是国民警卫队神射手徽章（Sharpshooter Badge），是了不起的荣誉

万柴此后的生活可谓波澜不惊，他的孩子一个接一个地出生后，尽管他为了薪酬更高的工作和更低的生活成本搬了好几次家，但他的家庭生活总体而言是稳定而温馨的。他也触犯过一些不是那么严重的法律，比如，

2001 年在休渔期非法捕鱼被罚款 328 美元，2002 年在禁猎期非法猎鹿被罚款 244 美元，和妻子因为家庭纠纷吵架时挥舞手枪威胁过她。这些违法行为透露出两个关键性信息：第一，万柴对捕鱼和狩猎相当狂热；第二，万柴的脾气不太好。

大屠杀

柯路图团队的猎手特瑞·威尔斯（Terry Willers）发现狩猎平台上的万柴之后，首先通过无线电联络了其他猎手，确认了万柴并非自己人之后，他马上上前叫万柴从平台上下来，并离开这片面积为 400 英亩的私人森林。万柴照做了，并解释说自己在追踪一只鹿时迷路了，但特瑞·威尔斯并未善罢甘休，他用无线电召唤了其他的猎手，他们很快乘车赶到了纠纷现场，场面变成了柯路图团队的一群猎人与万柴一人的对峙。根据后来万柴在法庭上的陈述，柯路图等人曾使用 "chink" [1] "gook" [2] 侮辱万柴，但柯路图团队的猎手劳伦·哈塞贝克（Lauren Hesebeck）后来在法庭上否认他们使用种族主义词汇辱骂万柴，只承认他们说了 "Hmong a hole" [3]，争执

---

[1]　中国佬。

[2]　侮辱东亚人的俚语。

[3]　俚语，类似苗族浑蛋的意思。

由此开始升级。

发现对方有如此多人之后，万柴以东亚人特有的沉默和隐忍转身离开了这片私人森林。柯路图团队的猎人在背后大声嘲笑和辱骂他，万柴背对着他们慢慢地离开，一边留心背后一伙人的动向，一边慢慢地把SKS步枪上的光学瞄准镜拆了下来，这个拆瞄准镜的举动后来成为他被判多个一级谋杀罪成立的重要原因之一。

这里有必要介绍一下万柴使用的SKS步枪。SKS步枪的全称是SKS西蒙诺夫半自动步枪，是苏联设计师谢尔盖·加夫里罗维奇·西蒙诺夫在第二次世界大战期间设计的一种军用半自动步枪。中国获得其设计图纸和生产线后生产的产品被称为56式半自动步枪，它和AK47的仿制品56式自动步枪及56式轻机枪一起构成了国产56枪族。中国产的56式半自动步枪在越战期间曾被大量支援给越共的军队，美军缴获

▲ 越战中被美军士兵缴获的56式半自动步枪，枪管下方的折叠三棱刺刀是区别56式和俄产原版SKS的一大标志

后发觉这种枪结构简单、科学，单发精度很高，于是不少56式半自动步枪和原版SKS步枪被当作战利品带回了美国。

这种和AK47一样使用7.62×39毫米子弹的半自动步枪却有着和AK47完全不同的性能。在100~200码的距离上，它的弹道低伸而平直，单发的精准度相当高。笔者使用56式半自动步枪参加预备役训练时能在干燥无

风的天气中用标尺 1[1] 连续命中 100 米距离上的多个啤酒瓶。这种便宜的军用步枪装上同样便宜的俄产 PSO-1 光学瞄准镜后，能在 400 米内获得接近狙击步枪的精度。这种枪的特性让它在进入美国民用市场后大受欢迎，很多猎手用它代替猎枪狩猎鹿和熊一类的大型猎物。特别是那些买不起昂贵的胡桃木枪托的雷明顿猎枪的亚裔猎人，他们更加青睐这种枪，很多人以前在自己的国家就能熟练地使用这种武器。

万柴走出约 50 码的时候，意外发生了。柯路图团队中的某人（在法庭上幸存者们否认有人开枪恐吓万柴）对着万柴离开的方向戏弄性地开了一枪，这可能是一个警告或者恐吓，但并没有射杀他的意图，因为子弹打在了万柴周围的地上。然而，万柴突然转过身，瞬间就射倒了两人（之前他已经把光学瞄准镜卸下，这样能在短距离内使用机械瞄具快速瞄准并连续射击多个目标）。柯路图团队顿时炸了锅，他们是猎人而不是军人，因此，他们没有选择就地寻找遮蔽物隐蔽，而是像鹿群一样在森林中四散奔逃。

黑暗、血腥的高潮出现了，猎人变成了猎物，万柴冷静而残酷地把在森林中乱跑的白人猎手一一射倒，柯路图父子当场被杀，没被射杀的猎人一边还击，一边通过无线电拼命呼叫救援，双方开始混乱的枪战。白人猎手们试图拖走伤者，却遭到万柴冷酷的狙击。万柴在打完两桥夹（20 发）子弹后从谷离开，白人猎手们得以抢救伤者。枪战的结果是白人猎手 5 人当场被射杀，4 人重伤，其中一人后来伤重不治。6 名死者中有

---

[1] SKS 半自动步枪的标尺分为不同刻度，标尺 1 常用于 100 米以内的射击。

4 名背部受了致命伤，且不止一处（说明死者是在逃跑的过程中被连续命中背部而死的）。万柴用 20 发子弹造成 6 死 3 伤的结果是可怕而惊人的，这也证明了他的冷静、残酷和枪法之出众。

万柴离开屠杀现场后继续在森林里游荡，之后他在公共林地遇到了另外两名白人猎手，虽然他们对他的迷彩外套有点儿疑惑（不打猎时应该把猎人外套的橘色一面穿在外面，防止误伤），但还是发挥了老美热心和神经大条的优点，让万柴搭了顺风车，根本没想到身边这个沉默的小个子男人刚刚枪杀了六个人。柯路图团队的幸存猎手中有人记下了万柴的狩猎许可号码，因此，万柴一出森林就被逮捕了。万柴

▲ 万柴所用的 56 式半自动步枪的桥夹和 7.62×39 毫米子弹。华约解体后，市场上出现海量的子弹存货，使得美国人根本不用生产这种子弹

兵者不祥

显得很平静，似乎早就知道这个结局。警方如临大敌，但万柴没有做任何反抗。

猎人的末路

法庭上的万柴也是出奇的冷静和沉默，他平静地陈述了杀人的经过，在某些有争议的情节（比如是否有人用带有种族主义的脏话辱骂他、究竟谁开了第一枪）上也并不做过多的辩解。面对六名死者——罗伯特·柯路图，殁年 42 岁；居伊·柯路图，殁年 20 岁；艾伦·拉斯基（Allan Laski），殁年 43 岁；马克·罗伊特（Mark Roidt），殁年 28 岁；杰西卡·维勒斯（Jessica Willers），殁年 27 岁；丹尼·德鲁（Denny Drew），殁年 55 岁——的家属，万柴说他能够理解死者家属的悲伤，但他拒绝道歉。当法官问他是否对屠杀行为感到后悔时，万柴平静地回答："他们死有余辜。"

值得一提的是，最先挑起事端的特瑞·威尔斯（第一个发现万柴的人）和劳伦·哈塞贝克（第一个开始飙垃圾话和第一个开枪的人）都在中枪后活了下来并出庭指证了万柴，使得整个事件的黑色幽默意味更加浓厚。

万柴在法庭上的冷静和沉默，以及拒不悔罪的态度，使得陪审团一致同意法官的判决：六个一级谋杀罪名以及两个谋杀未遂罪名成立。因为威斯康星州没有死刑，因此，万柴毫无疑问会被终身监禁。

整个悲剧性的事件都巧合性地印证了 1979 年的奥斯卡最佳影片《猎鹿人》中的那句经典台词——猎鹿者终将被狩猎。万柴并不是《第一滴血》里像兰博那样被战争后遗症所摧残的老兵，越战结束时他还是 7 岁的小孩，他人生的大部分时间都是在美国度过的，接受了全套的美式教育，并在国民警卫队成了一名了不起的神枪手。作为一名美国公民，万柴在遭遇傲慢与偏见时爆发出了令人震惊的原始本能，像猎鹿一样无情地射杀了六个同类，其中三人都是不到 30 岁的年轻人。这场血腥的屠杀让受害者和万柴本人的家属都陷入了无穷无尽的痛苦之中，这个悲剧也在无情地拷问着美国社会：在为了"政治正确"而日渐将黑人、拉丁裔和中东移民等少数族裔的权利置于整个社会之上的今天，美国人是否应该反思其对亚裔的尊严及权利的长期漠视给亚裔群体和整个美国社会所造成的负面影响和深远伤害？

CHAPTER 11

斗战之眼——古战场上的
护眼传奇

从古典时代起，一个阿基里斯追龟式的难题就一直困扰着当时驰骋战场的勇士们，那就是如何在砍人（捅人）时看得更清楚。

　　这个问题听起来有点儿好笑，实际上却是一个很严肃的问题，因为在全副武装的希腊重步兵身上，躯干部分覆盖着青铜胸甲（不要相信《斯巴达三百勇士》里的场面，希腊人是肌肉男但不傻），

▲ 希腊重步兵的防护装备，面部和眼睛裸露在外

头部戴着青铜头盔，肩膀和大臂部位虽然没有护甲，但一来不好命中，二来刺中之后也很难造成致命伤，因此，裸露在外的面部就成了比较明显的弱点。

　　面部除了眼睛之外，其他地方均由颅骨不同程度地保护着，而刺中或者射中敌人的眼睛，矛和箭就能够直接穿透晶状体贯穿对手的脑组织，这在当时绝对是致命伤。而且，眼睛作为人类获取外界信息的重要器官，不可能像心脏一样被保护在铠甲之下，因此，如何在战场上保护自己脆弱的眼睛和如何获得更清晰的砍人视线，成了古战场上的一个千古难题。

　　作为护眼事业最初的探索者，古希腊人在这方面走在了前面，他们的思路简单、直接，就是尽量减少面部暴露在外的面积，因此诞生了著名的科林斯头盔。这是一种由青铜锻造的产品，造型很别致，为了保护

▲ 科林斯式头盔（护眼版）

▲ 变色龙的眼睛能突出眼眶做 360 度的转动，人类不能

面部和眼睛，这种头盔只露出眼睛和面部正面的一小部分。经过与善射的东方民族的多次征战，其裸露面积越来越小，最后只剩下两只眼睛露在外面，而且眼睛的位置也被设计成只有眼珠大小的两个孔，最大程度地减少了被爆眼的可能性。

这种极端化的思路带来了一系列的问题。首先，人不是变色龙，眼睛不能突出眼眶做 360 度的旋转，人的眼睛是平行分布在人的面部的，因此，如果头盔上的眼眶开得只有眼珠大小，那么人的视线会大大地受限。实际上，人只能看到正前方一个狭窄的扇形区域。如果是希腊长枪方阵之间的正面互斗，这不算一个大问题，但是一旦对手是波斯人或其他民族的军队，在陷入混战之后，这就是致命的缺陷。

其次，当时的锻造工艺还远不够成熟，尽管希腊青铜的韧性和延展性比铁好得多，却无法做得很薄，更何况还有相当一部分头盔并非锻造的，而是铸造的。现存的科林斯头盔厚度通常为 3~6 毫米，对面部和眼睛的防护进一步增加了头盔的重量，使得其变得相当沉重。

▲ 极端护眼版科林斯头盔，看起来就相当重

▲ 马其顿军队使用的马其顿迦勒底式头盔，面部半开放，侧面采用合页板，使士兵能够听清楚命令

　　人类的颈椎结构很脆弱，上面附着着一系列小的韧带和肌肉，能够承担的重量有限，而在科技水平的限制下盔体也没法变得更薄。于是，选择轻还是脸（眼）成了一个没法解决的两难问题。

　　此外，科林斯头盔的全封闭结构使士兵在战场上很难听到指挥官的命令和同袍的呼喊，这在混战中相当不利。因此，科林斯头盔很快就被面部半开放的有比亚（希腊城邦）和马其顿迦勒底式头盔所取代，古希腊人的护眼事业暂告一段落。

　　之后的罗马人基本继承了古希腊的科技树，但他们使用了宽阔的方盾，以军团方阵的模式作战，后一排的士兵可以用方盾为前一排的士兵提供头部防护，因此，他们也使用了面部开放式的头盔。但一部分罗马

▲ 罗马贵族的高富帅护眼产品——镏金
面具

贵族骑兵使用面具来保护自己的面部和眼睛，这种面具有的与头盔构成一体，有的则是与头盔分离开来的。

这种面具制造精良，因为是仿造人的面部设计的，能够和佩戴者的面部完美贴合，所以视线也很不错。地位很高的贵族骑兵连战马都戴着由青铜制成的面甲，战马的眼睛也由镂空的青铜穹甲板提供保护。但这种面具的造价实在是太高了，因此，只有极少数贵族才用得起。在美国电影《角斗士》中，与主角马克西姆斯单挑的高卢角斗士就使用了这样一个戴着面罩的头盔。

罗马帝国灭亡之后的欧洲尽管在科技方面出现了停滞和退步，但欧洲人在战场上的护眼热情并没有下降，就连维京人这样抢遍东西欧的野蛮人，只要经济条件允许，也要给自己的头盔加上一副护目镜。

在科技水平逐渐恢复正常并取得持续进步的13世纪，欧洲人已经在金属穹壳锻造技术上取得了长足的进步，能够将钢铁锻造得相当薄（2毫米以下）并保持相当的强度和韧性（最高水平相当于现代的中碳钢），因此，护眼事业的整体思路又回到了希腊人的全封闭式头盔上，于是战场上出现了一堆头戴水桶在砍人的家伙……

根据笔者亲身试戴的体验，戴着这个大水桶实在是太难受了。要是你中午吃了大蒜，有可能在敌人击倒你之前，你就被自己熏晕了。而且，这玩意儿的视窗是一条窄窄的缝，所以基本上只能看见前方。尽管这条缝已经很窄了，但如果你足够倒霉，一旦箭击中这个地方，还是会贯穿你的大脑。

因此，在 14 世纪大家就普遍抛弃了这个玩意儿。此外，为了防止发生被箭射穿头盔这种倒霉的破事，人们把头盔设计成了锥形，并加上了可以开合的装置，还在正面加了一个尖尖的嘴巴，这样当刀剑或者箭矢与头盔接触时就会获得一个倾斜角度，使刀剑或箭矢滑开，产生类似坦克圆形炮塔的作用，这就是著名的猪面盔和鼠面盔。

14 世纪是英国长弓手横行天下的时代，但到了 15 世纪，全身板甲的普及大

▲ 本文作者亲自出镜试戴了半小时

▲ 战场上打到手无寸铁的地步时就抱着对手亲一口吧

大降低了长弓手对骑士的伤害，只有在距离非常近的情况下，英国人才有可能射穿法国骑士的铠甲。但因为头盔的眼睛部分要开出视窗，不可能用钢板完全封闭，所以眼睛又成了重点保护对象。在 1415 年的阿金库尔战役中，法国骑士冒着英国人的箭雨穿过倒霉的泥泞时，全都低着头，用手掩住眼睛，以防头盔的视窗被射穿（除了眼睛，全身其他部位都不太可能在那个距离内被射穿）。

▲ 马克西米利安式全身铠甲（背后战马：感谢皇上，我的马眼安全了）

▲ 这种高科技产品相当轻薄，却能提供很好的保护

16 世纪，高炉和水力锻床的出现让欧洲的冶金和锻造技术出现了飞跃式发展，把世界其他地区远远抛在了身后。16 世纪的著名盔甲狂魔之一神圣罗马帝国皇帝马克西米利安一世在因斯布鲁克创建的水利作坊生产出了板甲的巅峰之作——马克西米利安式全身盔甲。这种盔甲由精良的高碳钢制成，又轻又薄，布满了复杂的隆条和卷边。

正是这种先进而复杂的工艺使盔甲能在非常轻薄的同时具有极高的防御力。和现代人的想象不同，这种全身铠甲相当轻便，重量一般在 18~25 千克，低于一个全副武装的现代军人的负重。

这种盔甲在护眼方面也采用了最新科技，它的头盔整体向前突出，在视窗前突起一道棱，箭矢即使以非常苛刻的角度直接命中，也不一定能够杀伤穿戴者。实际上，这种盔甲的防御对象早已不是弓箭和弩了，它是为了对付新出现的武器火绳枪而研制出来的。

俗话说，科技是艺术的奶娘，由于头盔可以做得又轻又薄，因此，在保证防御力的前提下，很多人对头盔进行了魔改。他们在护眼方面的创意，至今看起来都让人觉得脑洞大开。

同时代的另一位盔甲狂魔英国国王亨利八世对护眼事业的热忱更加极端，他在盔甲的覆盖面积上下足了功夫。亨利八世的一套步战盔甲竟然把臀部和下体都包裹在了钢板之中，可谓是护住了全身上下所有的眼，不能不让人佩服。

另一项运动的狂热流行也促进了护眼科技的发展，它就是骑枪比武。这种以骑士彼此手持长枪互相冲击的竞赛在整个中世纪都非常流行，它的竞赛规则是刺中对手头部优于刺中对手的躯干，将对方击落下马等于一击 KO，因此，

▲ 高科技护眼产品——马克西米利安式头盔。那两个像眼睛一样的东西实际上不是视窗，视窗是上面那条缝隙

▲ 护眼狂魔亨利八世的步战铠甲，其设计可谓丧心病狂

▲ 枪术盔甲。其头盔眼部下沿的突起是为了防止断枪自下而上插入眼缝

▲ 想想看，一颗洋葱骑在马上超速朝你冲来，你要不要一枪把它扎成烤串

▲ 又是一颗洋葱

双方都力图刺中对手的头部。而头部最脆弱的地方就是眼睛，因此催生出了专门用于骑枪比武的枪术盔甲，这种盔甲的头盔对眼睛的保护已经到了极致。

俗话说："天有不测风云。"1559 年，在法国国王亨利二世与苏格兰国王的卫队长蒙哥马利的一场骑枪比武中，双方在互相冲击的一瞬间，蒙哥马利的长枪刺中亨利二世的铠甲后被震得粉碎（这是常有的事），断枪顺势刺向亨利二世的头部，锋利的木头岔口从头盔的眼缝处不偏不倚地扎了进去，之后木刺扎穿亨利的眼睛进入脑部，亨利随后死于脑部感染（由此可见保护眼睛的重要性）。

古战场上的护眼传奇到这里就基本完结了，因为之后的时代是火器的天下，在那个时代，能不能保住你的眼睛，只能靠命。

　　　　　　　　　　　　　　　　　　　　　　　兵者不祥

CHAPTER 12

打上一千年——俄国群殴史

负责任地讲，俄罗斯民族绝对是我们这个地球上最为矛盾和奇怪的民族之一。与俄罗斯联邦 53.5% 的人口接受过高等教育这一事实形成巨大反差的，是著名视频网站 Youtube 上数万个俄罗斯人的斗殴视频。在这些视频里，俄国人在田野里、马路上、地铁车厢里、池塘里以及你能想象到的任何地方以单挑、群殴、男男互殴和男女混战等多种多样的方式大打出手。

在有段时间网上疯传的一个名为"战斗民族打群架之空耳字幕版"的视频里，两伙人赤手空拳排成密集的阵形，在开阔的场地上结伙群殴。这种奇特的斗殴方式，加上国内网友给俄语发音配上的诸如"吃我一剑，华夏第一剑"（俄文原文意为"力量和荣誉"）的搞笑字幕，形成了非常奇葩和搞笑的效果，也引发了国人的强烈疑问：为什么要用这么傻的方式打！？（为什么不是埋伏、偷袭、以多打少？为什么不用板砖、钢管和镐把子？）

一千年的传统

其实，这种看起来有点儿逗的斗殴方式是俄罗斯民族的一种传统，其背后的历史和文化更有上千年之久。这也正是我们看这个视频的时候，一边对着画面和字幕发笑，一边又对其严守规则（不持凶器、人数相等、不下黑手）和宗教般的仪式（喊口号）感到困惑的原因。

　　这种有一定规则的群殴活动历史相当悠久，至少可以追溯到一千多年前东斯拉夫人信仰多神教时庆祝春耕开犁的节日——谢肉节。在俄罗斯民族接受来自拜占庭帝国的东正教信仰之后，这一异教节日并没有随之消亡，而是以其顽强的生命力和东正教信仰进行了融合，成为东正教大斋期[1]之前的一个重要节日。

▲ 古代罗斯人的谢肉节拳斗活动。只要双方都同意就可以开战，战斗方式是一对一单挑

　　因为过完谢肉节就会进入长达 40 天不能吃肉喝酒、唱歌跳舞的苦日子，因此，俄罗斯人往往在谢肉节期间大吃大喝，尽情娱乐，以补偿即将开始的斋月里腹部的空虚和精神上的无聊。俗话说，吃撑了就会找刺激，除了暴饮暴食和烧稻草人，精力充沛的年轻人还格外喜欢拳斗这一娱乐项目。东正教僧侣涅斯托尔于公元 11 世纪第一次在《往年纪事》中描绘了俄罗斯人的斗殴传统。

　　一般认为，拳斗这一娱乐项目是统治者基辅罗斯人[2]从斯堪的纳维亚半岛带入俄罗斯的。当时，年轻的小伙子们吃饱喝足后常聚集在村子中央的空地上，或是市镇重心的小广场上，互相以拳击的方式殴打对方。

---

[1]　每年春季的一段时间，在此期间，东正教徒不吃荤腥，不饮用任何酒精制品，不进行任何娱乐活动。

[2]　北欧维京人的一支，后建立政权统治俄罗斯。

这种拳斗最初是单挑性质的,两个年轻人看对眼了就可以来一场。这种打斗有一系列朴素的规则:彼此打斗时不能心怀仇恨;不能持械;不能追打倒地者;一方认输或受伤后不能追打;对于打斗中发生的不可意料的伤亡,互不追究;在谢肉节的最后一天(这一天所有人要互相原谅对方)之前,所有的恩怨都应当了结。

通常,小伙子们互相打斗时都有长者围观,他们一方面负责评判拳手技术的高低,一方面主持公道和维护规则。姑娘们则在一旁边喝麦酒和蜜酒边为拳手鼓劲加油,或者在最勇猛的拳手中寻找心上人,简直就像我们现代人看终极格斗冠军赛(UFC)一样开心,有时候他们还会焚烧一些稻草人助兴。

尽管有这么一套野蛮但合理的规矩,然而,拳脚无眼,年复一年的谢肉节拳斗活动还是造成了一些不可避免的伤亡。东正教会从一开始就强烈反对这一带有异教色彩的庆祝仪式。从公元 11 世纪开始,东正教会就威胁说要把参加拳斗者从教会中开除,并且拒绝将在拳斗活动中不幸牺牲的倒霉蛋葬入教会墓地(这意味着死者得不到上帝的宽恕,无法上天堂)。

这些严酷的压迫和惩罚吓不倒勇敢的俄罗斯人,他们以大无畏的英雄主义气概顶住了教会的封建压迫,坚持把拳斗这一群众喜闻乐见的体育运动开展了下去,而且随着时间的推移,拳斗还从以前简单的男子单打发展出了男子双打和男子团体对打等新的项目。其中,男团项目尤其受欢迎,因为群殴比单挑对打斗者的要求更高,不但讲究勇猛,更讲究同一团队成员相互配合的默契程度，以及阵形和策略，这比单挑有意思多了，也更具有观赏性。因此，（最晚）在蒙古入侵之前，谢肉节的保留节目就从单挑变成了群殴，并且在莫斯科公国统治区域及其周边相当流行。

蒙古人的礼物

蒙古人的入侵和征服对俄罗斯的群殴传统造成了相当大的影响。一方面，蒙古的入侵削弱了东正教会的实力，使他们对拳斗活动施加的阻力减小了；另一方面，蒙古派驻俄罗斯各公国的最高长官八思哈对这一传统并无防备之心，各公国的俄罗斯统治者也鼓励并纵容这种打斗，认为这种群殴对锻炼俄罗斯人的战斗技巧和勇气有利，特别是群殴中的一些阵形和战术与步兵集团的作战技巧很像，可以作为一种潜在的军事训练方式（这和元朝汉人的一些行为很像）。

紧随中国人民反蒙元斗争的胜利，俄罗斯人经过长期的准备，于1380 年在库利科沃战役中一举动摇了金帐汗国的殖民统治。此后，俄罗斯人通过一系列的战役，终于在 15 世纪初彻底赢得了民族独立。俄罗斯人虽然赶走了蒙古人，但蒙古人长达一个多世纪的统治给俄罗斯民族留下了深深的烙印，其中之一就是农奴制。

兵者不祥

▲ 俄罗斯民族独立战争第一战——库利科沃战役

▶ 拜占庭人带来的东正教和蒙古人巩
固的农奴制，构成了俄罗斯人性格中
的两个维度

从 1497 年确立到 1861 年取消，农奴制在俄国存在了三百六十多年。在农奴制的剥削之下，赤贫的农民不能再像以往那样用大麦和蜂蜜酿造传统的酒精度数较低的啤酒、麦酒和蜜酒，转而以相对廉价的黑麦和土豆酿造度数很高的蒸馏酒，这就是伏特加的前身。这种酒的价格相对低廉，其酿造和贮藏不受季节的影响，因此，以前只能在节日期间喝到的酒精饮料，现在一年四季都能喝到。沙皇更是没有放过这一有利可图的机会，于 1555 年开始指派全权代理在俄罗斯全国开设"沙皇酒馆"，使得伏特加风靡了整个俄罗斯。

伏特加的助力

伏特加的流行极大地促进了斗殴运动的发展。一方面，高度数酒精会刺激人的大脑，使人更容易丧失理性，更富有攻击性，更倾向于参加斗殴活动。另一方面，参加拳斗的哥们儿都倾向于痛饮一番再上阵，这样既能鼓舞士气，还可以麻痹打斗造成的伤痛。更重要的一点是，酒能为新手壮胆，消除他们上阵前的恐惧和无法遏制的发抖。也正是因为一年四季都可以喝上伏特加，而一年只有一次谢肉节，斗殴运动才开始不再完全依托谢肉节，逐渐发展为一种一年四季皆可进行的喜闻乐见的群

兵者不祥

众活动。可以说，伏特加一出现在俄国大地上，就迅速和俄国人的斗殴传统纠缠在了一起，互为诱因，推动彼此的发展。

伏特加和斗殴活动之间的奇特关系其实并不难理解。在农奴制的重压之下，酒精成为人类麻痹自己、暂时忘记苦闷的灵丹妙药，而斗殴则成为人们发泄愤懑的为数不多的途径中最简单的一种。正如俄罗斯诗人涅克拉索夫在诗中所写的那样："俄罗斯人喝酒没有数，——我们干活儿有没有数？谁又计算过我们的苦？酒把庄稼汉醉倒，——难道苦命不把他压倒？"

俄式群殴活动发生了很多变化。首先，随着活动时间不再限定于谢肉节期间，群殴的频率开始剧增，节日狂欢的色彩淡化，宣泄痛苦和仇恨的动因开始增多，整体向着黑暗化的方向发展。其次，随着西欧的决斗风俗传入俄国上层社会，俄国贵族逐渐接受了西欧（特别是法国）的文化，越来越倾向于用剑（后来是手枪）解决彼此之间的纠纷。底层老百姓因为不会用剑，就把这种有规则的斗殴发展成了一种解决矛盾的终端机制，用来解决生活中和生意上的纠纷。

▲ 在俄国的上流社会，人们并不会斗殴，而是按照西欧的规则，使用剑或者手枪进行生死决斗，普希金即是因此而死的

总的来说，这一时期的斗殴活动依然恪守着古代传下来的规则，但也不乏在手套里藏铅块的阴险之徒。高

尔基等作家所著的关于 19 世纪末俄国生活的作品中有大量描绘底层人民沉溺于酗酒和斗殴的悲惨生活的篇章，可以让我们一窥当时的社会风气。

到 20 世纪初，随着伏特加在俄国人的酒精饮料结构中的比重超过93%，斗殴的风气也达到了顶峰。有句俄罗斯谚语说道："俄罗斯的母亲在教会孩子走路之前，俄罗斯的父亲已经教会了他们挥拳！"

苏维埃的温床

不过，随之而来的第一次世界大战、苏俄内战、苏波战争、苏芬战争以及第二次世界大战让爱打架的俄罗斯人真刀真枪打了个够，也让俄罗斯人流尽了血。不过，"二战"刚一结束，群殴传统就迅速在苏联复兴起来。

苏联的建立和工业化进程彻底改变了俄罗斯社会的结构，也为俄罗斯的斗殴特别是大规模群殴传统提供了最好的温床和一个黄金时代。

苏联的计划经济体制和工业化道路造就了一批超大的厂矿和军工企业，这些国有厂矿和军工企业巨无霸的内部是一个个封闭的小社会，幼儿园、学校、医院和商店一应俱全。在这些封闭的小社会内部一起出生、成长、工作和生活的人有着共同的记忆和生活经历，也自然有着高度的认同感和向心力。他们从小就是伙伴、同学、工友，长大了也自然而然地结伙出去打架，打斗的对象当然是另外一个同样封闭的小社会——另一家企业——的子弟，这几乎是天经地义的事情。

另一方面，苏联法律黑色幽默般的条款也客观地促进了群殴活动的发展。《俄罗斯联邦刑法典》第58条第10款规定："进行其内容旨在号召推翻、破坏和削弱苏维埃政权或者完成某种反革命活动（本法典58-2至58-9条款）的宣传鼓动，以及散布、制作和保留同样内容的材料和书籍的人员，将被追究本法典第58-2条款中规定的社会治安责任。"这就是大名鼎鼎的"第58条"，酒后狂言、讲个政治段子或者朝斯大林像吐口痰，都可能被这条法律送进古拉格劳改营。

▲ 苏联时代的各种大型国有企业为大规模的群殴创造了最好的温床

与苏联对政治犯的残酷相比，其对暴力犯罪的处罚堪称温柔，不但在司法操作中法官常常以俄罗斯传统为由从轻处罚暴力犯，而且即使他们进了监狱，也可以随

▲ 在当时，讲个笑话是很有可能进古拉格劳改营的，在群殴中把人打死倒未必会进去

意虐待和奴役政治犯。出去打群架的后果居然比在自己家聊闲话还要轻微，在这种吊诡的法律之下，苏联年轻人的暴力行为之普遍，也就不难理解了。

在苏联政府为暴力犯罪提供的宽松环境下，加之计划经济体制为其提供的大院温床，俄罗斯的群殴传统进入了黄金发展期。我们看到的现代俄式群殴的规则，大部分都是在苏联时期形成的。根据笔者的俄罗斯伙伴的总结，目前在俄罗斯被普遍认可的不成文规矩主要有以下几条：

一、斗殴双方的人数要完全一致。双方要有明显的标志以互相区别（为了避免误伤，通常采取一方赤膊，一方穿白色背心），在人数上要诈的一方会彻底失去荣誉，从而在这个街区甚至整个城市颜面扫地。

二、徒手原则。这一点很重要，双方打手必须完全赤手空拳地进行群殴，但允许一些讲究的打手戴上综合格斗（MMA）手套来保护手指，会有专门的人检查他们的手套，防止其中有猫腻。打斗中如果出现持械甚至动刀子的情况，则群殴中止，双方一起殴打持械人（可能会打死）。

三、公平战场原则。战场一般选在郊外的空旷田野、公园空地或是其他平整、开阔的地方，总之，要对交战双方完全公平，确保任何一方都无法拥有地形优势。

四、人道原则。这一点和古代俄罗斯人的单挑规则是基本一样的：不追打倒地和失去意识的人（其实，倒地后通常会打几下）；不追打主动逃出战场的人（这个人以后别想在这个街区待了）；被打倒的人应该双手抱头蹲在或躺在地上表示退出战斗，不可以休息一会儿起身再战；踢裆、

兵者不祥

挖眼等下三滥的技术一律禁止。

五、后果自负原则。无论参加群殴的双方出现何种后果（受伤、死亡），只要双方都没有违反规则，则双方均不可追究彼此的责任。此外，禁止个人寻仇。

六、中间人原则。在整个群殴过程中，需有中立的第三方监督整个过程，并维持群殴的秩序。

如果你根据这些原则误以为俄罗斯人在斗殴中都是富有骑士精神的谦谦君子，那就大错特错了。这只是俄罗斯人内部互相群殴时遵守的规则，在与苏联其他少数民族的冲突中，俄罗斯人也是无所不用其极的。在2010年著名的莫斯科火车站乱斗事件中，俄罗斯民族主义者和高加索人约定在莫斯科火车站决一死战，警方最终制止了这次群殴并逮捕了1300多人，缴获的致命性武器有匕首、武士刀、手枪和冲锋枪等，多达数百件。这说明俄罗斯人的群殴规则只在他们内部有效，在"对外战争"中，他们一点儿也不像中国网友以为的那么"傻"。

俄罗斯人的俄国

苏联解体带来的迷惘和阵痛把更多的年轻人送进了酒馆也送上了街

头，这种群殴传统也在国家的萧条和动荡中被顽固地遗传给了新生的俄罗斯联邦。苏联遗留下来的民族问题也逐渐发酵，在俄罗斯演变成了少数族裔犯罪问题。根据俄罗斯内务部的数据，"2001 年在俄罗斯的 100 个种族团伙中阿塞拜疆有 20 个，格鲁吉亚 8 个，乌兹别克 18 个，塔吉克 1 8 个，亚美尼亚 25 个，达吉斯坦 8 个"[1] "2004 年前三个季度共查明 2000 多个族裔犯罪团伙（集团）。共审理 1000 起由这些犯罪团伙（集团）实施的犯罪，占犯罪总数的 64%"。2016 年 5 月 15 日，来自中亚国家的移民和高加索人在莫斯科霍万斯基公墓进行了一场数百人的械斗，其中有人开枪，有人挥舞棍棒，造成了 3 死 29 伤的严重后果。这些加深了本身就缺乏安全感的俄罗斯人的不安。

泛滥的少数族裔犯罪问题刺激了俄罗斯人，使他们将自己的群殴传统发展为一种自我保护机制，把群殴活动当作一种自我保护技能的练习，一边在自己人的"内战"中互相切磋以提高水平，一边在各种"对外战役"中把训练成果用在异族和外国人身上。前文提到的中文字幕版俄式群殴视频的真正名字其实是"俄罗斯人在群殴中暴打高加索人"。虽然群殴是以标准的传统方式开始的，但视频中的俄罗斯人并未完全遵守群殴的规则，持续暴打倒地者的现象很普遍，"干死他们"的喊声不绝于耳，其中的种族主义意味不言自明。

虽然苏联解体后作为群殴活动温床和纽带的国有企业和大院消失了，但互联网的兴起为俄罗斯人的群殴活动提供了更大的空间和新的桥梁，

---

[1] 其余为俄罗斯民族主义团伙。

以及更便捷的约架平台。在 2016 年的欧洲杯上，俄罗斯足球流氓通过互联网上的球迷组织平台互相联络，奔赴法国与著名的英国足球流氓一较高下。在欧洲恶名昭著了几十年的英国足球流氓果然抵不过千年群殴传统培育出的俄罗斯足球流氓，纷纷败下阵来。这为俄国人千年群殴的荣光史添上了浓墨重彩的一笔。

从公元 11 世纪俄罗斯斗殴传统第一次正式出现在历史文献中到现在，时间已经足足过去了一千年，俄罗斯民族这场打了一千年的架，是不是还要继续再打一千年？

CHAPTER 13

悲剧的早熟——
安史之乱中的羁縻府州

俯视洛阳川，茫茫走胡兵。

流血涂野草，豺狼尽冠缨。

——李白

在中国领土的最远端，常常可以看见石头或者碑上刻着"汉疆唐土"的字样，可见中国人对于汉、唐这两个汉族鼎盛时期建立的王朝的辽阔疆土，有着深入血液和骨髓的辉煌记忆。确实，在汉、唐统治时期，中国极大地扩张了自身的版图，其中唐代"武功之盛，亘古未有"。在全盛时期，唐朝统治了东至鄂霍次克海、西逾葱岭（帕米尔高原）直至阿姆河、南至安南（越南）、北至瀚海（贝加尔湖）的广阔土地，显得尤为耀眼。

其实，唐朝在建立之初日子也不好过。隋末乱世群雄并起，山头林立，虽然唐朝摆平了几个不服的，但依然有一些割据的军阀势力威胁着唐朝的统治，使唐朝统治者无法像隋一样抽出军事力量在西北地区对抗日益强大的东突厥势力。突厥使者每次来到长安，态度都非常傲慢和跋扈，甚至胡作非为，唐朝君臣也不得不忍受，史载："每遣使者至长安，颇多横恣。高祖以中原未定，每优容之。"

即使唐朝君臣用伺候大爷的态度小心地对待突厥，突厥依然我行我素，连年侵扰中原，并且勾结残余的反唐势力，蠢蠢欲动，试图效仿鲜卑的拓跋氏逐鹿中原。公元626年6月，在闻知唐朝发生政变（玄武门之变）后，颉利可汗起兵攻唐。8月，突厥大军直抵渭水，列阵于渭水北岸，威胁首都长安,唐太宗不得已与颉利可汗签订城下之盟,史称"渭水之盟"。双方虽已立盟,突厥却并不死心,但见唐军防守严密,恐强攻两败俱伤,于是大掠而走。

如此的奇耻大辱深深地刺痛了帝国君臣的心。公元630年,突厥遭"白灾"(暴雪)侵袭,又逢内乱,唐帝国本着"趁他病要他命"的思想打响了精心准备多年的攻灭东突厥之战。李靖等发兵讨伐东突厥,由于唐军战前准备充足、战技高超,全军上下怀着复仇之心一举击灭了东突厥,解决了西北方向的心腹大患。此后,唐帝国通过连年攻伐,基本解决了除西南方向(吐蕃)之外的所有异族威胁,领土大大扩张,进入全盛时期。唐太宗得意而豪迈地说:"前王不辟之土,悉请衣冠;前史不载之乡,并为州县。"

杀降不祥

东突厥灭亡后,投降的部众有十多万,其他依附于东突厥,在靖边战争[1]中投降、被俘的"杂胡"更是不计其数,怎么处理这些人成了摆在唐朝君臣面前的一个大问题。朝臣在这个问题上分为两派,一派以中书侍郎颜师古、礼部侍郎李百药为代表,主张把这些胡人充实到河南、河

---

[1] 唐朝稳固边疆的系列战争。

北的府州去，"授以生业，教以耕种"，我们姑且可以称他们为鸽派。

> 宜悉徙之河南兖、豫之间，分其种落，散居州县，教之耕织，
> 可以化胡虏为农民，永空塞北之地。

另外一派以名臣魏徵为代表，持鹰派（姑且称之）观点。魏徵可谓是唐代的鹰派领袖，他反对非法移民，坚决主张把这些人遣送回原籍：

> 宜纵之使还故土，不可留之中国。夫戎狄人面兽心，弱则请
> 服，强则叛乱，固其常性。

魏徵还举了晋代把匈奴残余和诸胡安置在中原地区导致五胡乱华、生灵涂炭的例子：

> 晋初诸胡与民杂居中国……后二十馀年，伊、洛之间，遂
> 为膻裘之域。

夏州都督窦静也反对把突厥俘虏安置在中原地区，他认为这严重威胁了唐朝的安全：

> 置之中国，有损无益，恐一旦变生，犯我王略。

值得指出的是，两种态度相较之下，似乎魏徵让他们重获自由、回归家园的办法更加仁慈。实际上，当时东突厥适遭暴雪天灾，牲畜大量冻死，男性则在战争中大量阵亡，因此，在突厥俘虏中，老弱和妇孺占了一半还多，这时候如果强迫他们返回塞北，无异于借助大自然之手判了大多数人的死刑。

因此，唐太宗当堂驳斥了魏徵的意见，他说："夷狄亦人耳……不必猜忌异类。盖德泽洽，则四夷可使如一家；猜忌多，则骨肉不免为仇敌。"

现在，有些半吊子历史学家说唐太宗是鲜卑人，因此才对游牧民族如此宽容和优待。这纯属胡说八道。李世民的鲜卑血统主要来自其母系，而古代中国人和世界上其他多数民族的谱系是只承认父系的（如欧洲的萨利克法）。而且，现代人类学、民族学研究也采用只研究 Y 染色体单倍体的方法来研究民族演变，因为只有 Y 染色体在遗传中能够保持稳定性（只有男性有 Y 染色体）。因此，李世民是毋庸置疑的汉人。他对于处理少数民族俘虏问题的考虑，也反映出一个汉族帝王基于儒家和道家思想的政治考虑。一方面，基于道家思想，他认为鸽派"化胡虏为农民"的同化政策"乖违物性"，也就是说，强迫游牧民族去种地是不尊重自然规律的。另一方面，基于儒家思想，他认为"杀降不祥"，更是坚决

▲ 有唐一代，统治者的自信、开放和包容的心态，在中国历史上是罕有的

兵者不祥

不同意采用魏徵所提的迫使俘虏返回塞北的变相种族灭绝政策。

羁縻怀远

因此，唐太宗采取了一种全新的怀柔政策，他把这些俘虏全部分散安置在突厥故地中靠近中原核心统治区的地区，任命俘虏中的首领、酋长为唐朝官吏，按照其民族的风俗和原始习惯法，实施区域自治，这就是所谓的"羁縻府州"：

"……处突厥降众，东自幽州，西至灵州；分突利故所统之地，置顺、祐、化、长四州都督府；又分颉利之地为六州，左置定襄都督府，右置云中都督府，以统其众。"

"其馀酋长至者，皆拜将军、中郎将，布列朝廷，五品以上百馀人，殆与朝士相半，因而入居长安者近万家。"

"羁縻府州"在中国历史上是一个非常独特的存在，它既不同于一般的中原州县，也不同于外藩。羁縻府州通常将唐代律法和本民族习惯法相结合，或者直接用本民族的习惯法来治理，理论上也不承担中原汉族人的各种赋税（有些羁縻府州象征性地纳税，最多不超过中原的一半）。其统治者既是其本民族的首领和酋长，也是唐朝的行政官员。其人民既是部落民，又是唐朝的属民，他们在羁縻府州内依然按照他们的风俗习惯生活，只需每年定期缴纳象征性的贡赋，即可得到中央政府"薄来厚往"的恩赐。在为突厥设置羁縻府州之后，唐朝又为被征服的如奚、契丹、室韦、吐谷浑、铁勒、靺鞨、党项、薛延陀和西南及南方的诸蛮族分别设置了众多的羁縻府州。

早熟之患

不难发现，这其中的好几股势力日后都成了中原王朝的心腹大患，甚至反客为主定鼎中原，比如契丹（辽）、靺鞨（女真）、党项（西夏）、室韦（蒙古）。他们在唐代还羽翼未丰，正在唐的羁縻府州中做顺民。

唐太宗建立羁縻府州制度的意图，在他封被俘的突厥可汗突利为顺州都督时的一番意味深长的告诫中表露得比较明白：

> 尔祖启民挺身奔隋，隋立以为大可汗，奄有北荒，尔父始毕反为隋患。天道不容，故使尔今日乱亡如此。我所以不立尔为可汗者，惩启民前事故也。今命尔为都督，尔宜善守国法，勿相侵掠，非徒欲中国久安，亦使尔宗族永全也！

▲ 遍布新疆、蒙古地区的草原石人其实是突厥人为善战的英雄人物留下的纪念雕像

这段话说得非常巧妙，既有雷霆手段，又有菩萨心肠，中心思想有两条：一、你们老实点儿，安安生生地过日子，咱们啥事没有；二、如果你们不肯安安生生地过日子，被灭族什么的是分分钟的事，我可保不了你们。

公元7世纪时，人类文明正处于青春期。这一时期，国家与国家、民族与民族之间的战争，也像青春期少年之间的争斗般残酷无情，在战争中举国举族被灭，或为奴或被强迫同化、传教的比比皆是，无数文明和民族都被彻底消灭，消失在历史长河中。作为一个中央集权帝国的皇帝，李世民能对国家、民族、文明之间的关系有如此的认识，并发明出这么一套有利于改善民族关系、促进国家统一的民族区域自治制度（早于苏

▲ 身着重甲，手持长槊，腰挂横刀、弓箭的唐朝精锐武士。强大的武力是唐太宗政治自信的来源

俄一千六百多年），实在是难能可贵，充分体现了李世民本人的政治智慧和汉民族文明的早熟。

在李世民信心满满地为李唐子孙留下这一套自己非常满意的民族问题解决方案时，他一定没有想到一千多年后一个长着大胡子的德国学者在对人类历史进行研究后给出的结论：

> 游牧民族的全部历史乃是和邻居进行不断的战争及内部的封建混战的历史。这些战争是由封建贵族力图扩大自己的土地占有权、夺取新土地的欲望所引起的。[1]

李世民在考虑民族问题时，多是基于"信义"，这是典型的儒家道德观念。唐太宗的子孙也多沿袭他的思路，唐中宗就曾表示："中国当以信结夷狄。"唐帝国对少数民族发动战争时绝大多数也是责备其"背信"，这是对人类社会发展阶段不了解的表现。

当时，大多数游牧民族都处在野蛮的奴隶制时期，为了土地、子女

---

[1] 引自 1971 年人民出版社出版的《资本论》第 3 卷第 41 页。

和财物彼此征伐不休，骚扰和劫掠农耕民族，本来就是他们的天性和常态，以当时人的眼光看也无可厚非。但唐朝帝王偏要违背社会的发展规律，试图用中央集权帝国的道德哲学约束他们，这简直比强迫他们种地（"化胡虏为农民"）还要"乖违物性"。另一方面，唐太宗只注重"修其教不易其俗，齐其政不易其宜"，即只注重少数民族的特殊性，忽视了游牧民族的军事封建性和天然的侵略性，而仅仅以信义和强大的武力约束他们。这在国家安定统一、国力强大的时候当然行得通，当国家处于衰败和内乱阶段时就会出现问题。此外，羁縻府州使用与中原地区不同的律法，造成唐帝国出现"一国多法"的局面，严重影响了当时的司法公正。

因此，到天宝年间，这一套制度的弊病就逐渐显现出来，这也与唐玄宗本人的喜好有关。初唐时，少数民族中涌现出许多文才武将，唐帝国对他们不加歧视、一视同仁，他们也为唐帝国的建立立下了汗马功劳。到玄宗时期，更多的少数民族官员进入唐帝国的朝廷服务，这其中有忠心耿耿、南征北战维护国家统一的忠臣，如高仙芝、李光弼、哥舒翰等，也有野心勃勃、不怀好意的投机分子，如安禄山、史思明。

▲ 唐代粟特人陶俑。安禄山的形象应该与此相似

野狐之嗥

　　安禄山是杂胡（可能是中亚的粟特人）和突厥的混血，从小混迹在突厥和唐朝边境之间，"通六蕃语"。他表面上故作痴傻，实际上非常精通汉人那一套投机钻营的把戏，因此得到了虚荣的唐玄宗的重用，最后竟身兼三个藩镇节度使之重任，手握重兵。藩镇本来是唐朝为防御外患而设置的军区，兼有监控和管束羁縻府州、防止羁縻府州的少数民族首领作乱的职能。唐玄宗让安禄山这样一个"通六蕃语"的野心家管理三个藩镇，正好给了他拉拢少数民族首领、培植自己势力的机会。从安禄山拉拢名将哥舒翰的做法可以看出其拉拢少数民族的套路之　二。

　　哥舒翰出身突厥名门世家，家族累世为官，战功赫赫。唐诗《哥舒歌》生动描绘了他的英勇形象："北斗七星高，哥舒夜带刀。至今窥牧马，不敢过临洮。"哥舒翰当时担任四镇节度使，握有重兵，安禄山用民族感情拉拢他，厚颜无耻地说："我父胡，母突厥；公父突厥，母胡。族类本同，安得不亲爱？"不料，哥舒翰却说："谚言'狐向窟嗥，不祥'，以忘本也。兄既见爱，敢不尽心？"这句话从字面上看并没有什么问题，意思是说我不会忘记自己的出身，会与您尽心相交，其实是饱受汉文化浸染、对唐朝衷心耿耿的哥舒翰故意羞辱目不识丁、野心勃勃的安禄山，用谐音"野狐"指安禄山是没有出身的"野胡"，也暗指安禄山有野心。安禄山听出来后勃然大怒，动手要打哥舒翰，被太监高力士所阻止。

大唐之哀

安禄山拉拢少数民族领袖和官员的伎俩由此可见一斑，而授予他节度三镇兵马、兼管羁縻府州的巨大权力，更是方便了他拉拢人心、密谋反叛。他的野心和羁縻府州风俗未改的游牧民族的侵略性一拍即合，当他起兵谋反时，他辖下的各个羁縻府州也一起起兵作乱，史书记载：

（公元755年）十一月，甲子，禄山发所部兵及同罗、奚、契丹、室韦凡十五万众，号二十万，反于范阳。

安史之乱是一场规模浩大、牵扯众多国家（如吐蕃、大食、回纥）和民族、灾难深重的战乱。在这场战乱中，李世民建立并引以为豪的羁縻府州，一部分跟随安禄山反叛，如如奚、契丹、室韦等；一部分拥兵自立，互相攻伐，并不时趁火打劫，侵扰唐朝边境，如同罗、党项（党项等吞噬边鄙，将逼京畿）。

安史之乱平定后，一部分反叛的羁縻府州因为居住民族[1]在战乱中被消灭而不复存在，一部分叛服无常的羁縻府州则趁唐朝国力衰微，形成了半割据的状态，其中就有日后成为北宋心腹大患的党项一族。他们盘踞在以夏州为中心的五州之地，最终成为中原王朝的巨大威胁。

---

[1] 指居住在那里的主要民族。

可悲又可笑的是，唐玄宗仓皇逃到马嵬驿时，还执迷不悟地对儿子唐肃宗说："西戎北狄，吾常厚之，今国步艰难，必得其用，汝其勉之。"后来，唐朝果然借回纥兵平乱，好在回纥还处于原始的游牧状态，志在抢劫女子、财富，克服长安后纵兵大掠三天，满载女子、财富而走。几百年后的明代，吴三桂也引来了明王朝的"羁縻府州"大军（后金原系明王朝羁縻的建州卫）入关"平乱"，结局可要惨得多，不禁让人想起了贾谊《过秦论》里那句让人唏嘘的话：

秦人不暇自哀，而后人哀之；后人哀之而不鉴之，亦使后人而复哀后人也。

兵者不祥

CHAPTER 14

栖息于巨人阴影之下的
世界征服者——窝阔台合罕

许多本该在历史上留下印记的人却常常被误认为是无足轻重的小人物，仅仅因为他们生在了两个巨人之间。

公元 1229 年，成吉思汗建立的蒙古帝国在汗位空缺两年（其间由托雷监国）之后，终于迎来了新的主人。在大汗的即位仪式上，蒙古诸王向上天起誓："只要是从窝阔台合罕子孙中出来的，哪怕是一块（臭）肉……我们仍要接受他为汗。"窝阔台心满意足地登上了大汗之位，成为大蒙古帝国的第二位可汗。

在这场看似风平浪静的即位仪式背后，是成吉思汗诸子争雄的残酷斗争。除了草原民族传统的手段外，因为耶律楚材等人的介入，这场斗争还带有浓重的中原王朝"夺嫡"色彩。这场斗争并未随窝阔台的即位而终结，直

▲ 窝阔台·孛儿只斤，成吉思汗的第三子，蒙古帝国的第二位可汗

▲ 成吉思汗 7 岁时即以弓箭射死自己同父异母的弟弟，似乎为黄金家族留下了手足相残的不祥预兆

到 1232 年,成吉思汗最小的儿子托雷在军中突然暴毙(一说遭窝阔台毒杀,无据),窝阔台才成为这场残酷赌局的真正赢家。

这样的结局丝毫不令人意外,其父成吉思汗在 7 岁时就和自己的弟弟哈撒尔一起射杀了他们同父异母的弟弟别克帖儿。成吉思汗的母亲诃额仑曾责骂他"害尽骨肉的你,吃尽同伴的你"。

这句话似乎预示了黄金家族之后几百年间代代手足相杀、子孙相残的命运。

膨胀的帝国

成吉思汗留给窝阔台的是一个处于剧烈上升期的庞大帝国,窝阔台即位前两年,蒙古与宋、辽、金等地区强权龃龉几百年,如蜜獾一般顽强的西夏政权终于败亡于蒙古大军。成吉思汗"恶其狡诈多变",所以,留下遗命要将西夏夷国灭族,一代"小强"灰飞烟灭。

窝阔台即位后,开始对世仇金国进行全面战争。人口是蒙古百倍、军队数量是蒙古十倍的金国五年后就灭亡了。新兴的蒙古帝国用了不到十年的时间,控制了黄河以北的大半个中国。

灭金次年,蒙古以南宋坏盟背约(端平入洛)为借口,对宋发动全面战争。同年，拔都率领蒙古军进入钦察草原，开始征伐罗斯诸邦。加上成吉思汗之前向西征伐的土地，窝阔台在灭金之后直接或间接掌握了约 1200 万平方公里的土地和约 1 亿的人口，这其中包括了中原、突厥、波斯、阿拉伯等多种文明类型，这些文明之内又有成百上千种族群和部落。

如何统治这么一大块国土上语言不同的杂七杂八的民族，是窝阔台遇到的一大棘手问题，这个问题在成吉思汗时代尚未凸显。在窝阔台取得中国北部之后，这个问题逐渐变得尖锐起来。

分裂的天下

在成吉思汗时代，面对完全陌生的统治对象——广阔的农业定居区和庞大的农业人口，蒙古人对治下的金国故土基本采取放任自流的态度，甚至一度并不将其视为自己的国土，反复劫掠和破坏已经完全控制的地区。在蒙古灭金过程中投靠蒙古的汉人军阀趁机在一些地方实现了半独立式的割据，小范围地恢复了农业生产。元史载刘伯林"在威宁十余年，务农积谷，与民休息，邻境凋敝，而威宁独为乐土"，董文炳为藁城令时"以私谷数千石与县，县得以宽民。……数年间，民食以足"。

但整体而言，蒙古控制的中原地区被战争蹂躏得残破不堪，生产力水平严重下降，长期处于无人管理的无序和混乱之中。成吉思汗时代的军事活动恪守蒙古旧俗"凡敌人拒命，矢石一发，则杀无赦"，频繁的屠杀除了对农业生产造成毁灭性的打击之外，也加剧了这种无序和混乱。

因此，当金国败局已定时，窝阔台在耶律楚材等熟悉汉地统治的大臣的建议下，一方面开始收敛和制止无意义的屠杀和破坏行为，"兴创之始，愿止杀掠，以应天心"；一方面开始部分恢复中原地区的统治秩序，"置仓廪，立驿传"。很多蒙古贵族根本不理解这些政策的意义，比如大臣别迭就认为汉人没什么用处，不如全部赶走，把土地腾出来放牧牛羊：

汉人无补于国，可悉空其人以为牧地。

这些蒙古贵族既无学问，也无见识，当然不可能在治理国家方面和以耶律楚材为首的官僚相比，因此，从即位的第二年（1230 年）开始，窝阔台就下令在部分地区恢复金朝原有的税收系统。

（太宗）定诸路课税，酒课验实息十取一，杂税三十取一。同年十一月，从楚材之议，置燕京、宣德、太原、平阳、真定、东平、北京、平州、济南十路征收课税所。

农业生产的局部恢复并不意味着中原地区的统治秩序已完全恢复，因为在中原的蒙古统治区里，实际上存在着三种完全不同的经济模式。

▲ "投下主"即作战有功的蒙古军事贵族,他们不承担除作战之外的任何义务,且在自己的封地上拥有极大的自主权

▲ 一个金帐汗国的达鲁花赤正在罗斯城镇收缴贡赋,中原地区受分封的蒙古诸王也有权力在自己的领地设置达鲁花赤

首先是投下制度。投下类似欧洲封建时代骑士和贵族的采邑。"投下主"即作战有功的蒙古军事贵族,他们通过作战获得军功赏赐、土地和领民:"凡诸王及后妃公主,皆有食采分地。其路府州县得荐其私人以为监,秩禄受命如王官,而不得以岁月通选调。"

成吉思汗和窝阔台在位时把大量的中原土地分封给蒙古的军功贵族,同时也把这些土地上的汉人像牛羊一样赠予他们。投下主可以在领地内"生杀任情,至孥人妻女,取货财,兼土田",领地内的农民实际上成为投下主的奴隶。

1336 年 7 月,窝阔台将平阳府、太原府、河间府、大名府等地分赐诸王臣下,准其在封地内"设达鲁花赤,朝廷置宫吏收其租颁之,非奉诏不得征兵赋"。这实际上是以国家权力确认了分封贵族半独立的政治和经济地位。蒙古贵族在其领地中施行的是封建农奴制和奴隶制混合的经济制度。

另一种经济模式非常奇特。成吉思汗完成对西域列国和中亚地区的征服后，把许多中亚和呼罗珊的工匠带到了蒙古高原，同时大量善于经商的穆斯林商人拥入蒙古新征服的地区，以他们在千年商路上积累起来的经济头脑帮助蒙古人对新征服地区进行"超经济剥削"。

窝阔台尤其重视他们，据术兹扎尼《纳昔儿史话》记载：

> 他把东方土地上的所有城寨都交给了伊斯兰异密，把从伊朗和都兰带来的异密们安置在上突厥斯坦、汉人或唐兀惕（西夏）地方的都市。

异密即埃米尔，是伊斯兰世界的一种小贵族，这里其实指的是善于经商和理财的穆斯林。在成吉思汗时代，尽管因为经商问题引发了讹答刺事件（1218 年，花刺子模官吏屠杀了蒙古商队），从而导致了花刺子模的灭亡。但成吉思汗依然非常重视这些穆斯林的商业能力，倚重他们为蒙古贵族提供渴求的商品，同时利用他们帮助蒙古贵族管理新征服地区的经济。在成吉思汗时代，这些穆斯林商人仅管辖中亚和西域地区的经济。

到了窝阔台时期，他把从中亚到中原的广大地区都交给这些穆斯林商人管理。这些穆斯林商人不可避免地把中亚的剥削方式带入中原地区，借助蒙古人的兵威强行推行这些剥削制度，进行"超经济剥削"。得到蒙古帝国官方许可和认证的商人被称为"斡脱"，为了得到斡脱的身份和特权，这些商人争先恐后地向蒙古统治者示好，献上从内亚深处带来的奇

▲ 并非每个蒙古可汗都像窝阔台一样善待穆斯林，后世的旭烈兀就毫不留情地摧毁了当时伊斯兰世界的中心巴格达

珍异宝，甚至不惜为此争斗。

"超经济剥削"的方式多种多样。第一种叫"羊羔利"，实际上是穆斯林斡脱商人和蒙古贵族合营的高利贷，史载：

> 时政烦赋重，贷钱于西北贾人以代输，累倍其息，谓之羊羔利，民不能给。

西域斡脱商人利用中原农业生产的季节性特点向农民放贷，按照中亚本利相加利滚利的方式进行计算，仿佛母羊产羔，"一锭之本辗转十年后，其息一千二十四锭"，可谓暴利。而蒙古贵族则为斡脱商人提供放贷的本金，"自辇主以至伪诸王、伪太子、伪公主等，皆付回回以银，或货之民而食其息"。窝阔台本人甚至动用国库的资金为这些斡脱商人提供放贷的本金。

▲ 蒙古帝国的可汗们对穆斯林的态度很不一致，与窝阔台的态度正相反，旭烈兀几乎横扫了整个伊斯兰世界，仅仅在埃及碰了壁

中原地区的农业经济显然经不起这种国家支持的"超经济剥削"，许多汉族农民卖儿卖女，将妻子抵押给斡脱商人为质，仍然不能还清债务。而且，许多官府也欠斡脱商人的钱，成为惯户，"大名困于赋调，贷借西域贾人银八十锭"。一些地方官府以地方财政税收为抵押向西域商人借钱，为了还钱，他们不得不提前征缴多年之后的赋税。

西域商人的第二种"超经济剥削"方式被称为"撒花"。"撒花"本来是蒙古贵族与西域商人之间类似海外代购的一种关系，蒙古贵族将货款交付给西域商人，西域商人拿着货款从内亚带来蒙古贵族所需的商品。然而，西域商人拿到货款后往往并不前往内亚进行贸易，而是就地在中原地区放贷获利，到了应该交付货物的期限，他们就谎称货物已在某州县被劫。而按照蒙古律法，撒花货物在某地被劫，则由某地全体百姓来赔偿。西域商人就这样利用撒花来做这种"空手套白狼"的买卖，给中原百姓带来了极大的灾难。

自鞑主以下只以银与回回，令其自去贾贩以纳息，回回自
转贷与人或多方贾贩，或诈称被劫，而责偿于州郡民户。

　　在这种祸从天降式的剥削之下，本来就饱经战乱、郡县萧然的中国
北方自然变得更加残破，许多农民被逼迫至卖儿卖女、妻离子散之后，
不得不孑然一身自愿沦为蒙古投下主的奴隶。

　　第三种经济模式并非从中亚和西域而来，而是中原本土自古就有的
"扑买"制度。扑买即官府向商人有偿让渡一部分权力，在窝阔台时期则
主要表现为包办税赋。西域商人利用蒙古统治者懒于治理国家又急于获
利的心态，在中原地区大肆扑买
赋税、垄断课程，几乎无所不包，
基础建设、水利、农业、畜牧、盐、
铁、酒、矿，甚至桥梁、渡口的
过路费也被他们承包了。西域商
人利用向蒙古统治者买来的收税
权，在中原地区横征暴敛，如"元
太宗十一年十二月，商人奥都剌
合蛮扑买中原银课二万二千锭，
以四万四千锭为额"，实际上获利
不止十倍。

▲ 蒙古在其征服的其他地区并未采取这样的统治和剥削制度。比如，在罗斯诸邦，尽管蒙古统治者能够摧毁和蹂躏罗斯的城镇，却无力深入当地进行统治，因此采用了委任统治的方式

　　在收税的过程中，农民稍

有怠慢，或无法缴纳，西域商人立刻夺人妻女，甚至滥用私刑，害人性命，或者巧立名目，设置圈套，逼迫富户破产，以达到占人家产的目的。史载：

> 科敛则务求羡余，输纳则暗加折耗，以致淫刑虐政，暴敛急征，使农夫不得安于田里。

因此，在窝阔台治下的中国北方，实际上存在着蒙古、内亚和中原汉地三种经济模式。这三种经济模式使国家处于半分裂的状态，蒙古贵族和西域商人联合起来剥削汉人农民。这种剥削是由蒙古帝国的战争机器提供的绝对暴力来保证的。窝阔台可汗治下的中原地区，就处于这样一种分裂的状态。

"仁慈"的大汗

要统治这样一个饱经战火蹂躏、残破不堪，三种不同的经济模式交织在一起的国家，对一个喜爱征战远超治国的典型蒙古可汗来说，着实不易。而窝阔台可汗本人的性格，则与成吉思汗相当不同。窝阔台异常宽厚而慷慨，对来请求赏赐的人几乎有求必应，对各地进贡的物品不进行造册，就随手赏给前来求赏的人。波斯史学家志费尼在《世界征服者史》中写道：

▲ 成吉思汗的几个儿子性格各不相同，他们的后代进行了持续多年的内战

从未有人没有领到赏赐就从他的御前离开，也从来没有乞赏者从他嘴里听到过"不"字。

在一个流传的故事里，窝阔台出门巡游，看见有人卖枣，就吩咐手下去买一巴里矢[1]的枣。结果，手下拿回来很多枣，窝阔台问："怎么拿回来这么多？"手下回答："枣不值钱，一巴里矢买这么多已经很公道了。"窝阔台说："这卖枣的一生能遇到几个像我们一样慷慨的人，去把钱全给他。"

在另一个故事里，窝阔台要求皇后把珍珠耳坠赐给一个献上西瓜的穷人，皇后说："这人很穷，拿到珍珠也会贱卖，不如明天让他到库里领些钱。"窝阔台答："这人很穷，等不到明天。"坚持让皇后取下耳坠赐给他。

同时期的历史记载中记录了大量有关窝阔台挥金如土、肆意赏赐，遭到朝廷大臣反对和抱怨的事，以及一些奸诈小人利用窝阔台的慷慨骗到大量财富的故事。

从表面上看，窝阔台可汗是一个头脑简单、易上当受骗的"傻大户"，

---

[1] 巴里矢有金银两种，这里说的是金巴里矢，一金巴里矢约合黄金二两。

▲ 窝阔台曾一次性清空了国库进行赏赐，滥赏无度甚至造成了暂时的财政困难

但实际上并非如此。窝阔台表现出的"慷慨"中暗含着极其精明的算计和很深的城府。这一点在他对西域商人的态度上表现得最明显。术兹扎尼在《纳昔儿史话》里记载道：

　　窝阔台是一位为人稳健、性格十分宽厚的杰出人物，他非常喜欢伊斯兰教徒，力求得到伊斯兰人的尊重。在他的时代，居住在他的国家的伊斯兰教徒们生活安康并受到尊敬。

　　成吉思汗对西域商人既防范又利用，对他们漫天要价和唯利是图的本性非常震怒。而窝阔台则不同，他对西域商人给予了充分的信任和慷慨，凡是来到其斡耳朵（汗庭）的商人，都能得到他出乎意料的慷慨赏赐。

　　波斯史学家志费尼记录了这样一件事：

　　一个来自中亚的商人带着一只生病的鹰来到窝阔台的斡耳朵，想恳求一些鸡肉来治疗他生病的鹰，窝阔台吩咐手下给他一巴里矢。结果，司库官仅付给了商人几只鸡钱，引得窝阔台大怒，他说："那个养鹰人不要鸡。他仅是以此为借口，要求给他点儿赏赐。来找我们的每个人……我们知道他们在设计不同的圈套，这瞒不过我们，但我们希望人人都能从我们这里得到快乐和安宁，以此让他们领取我们的一些财富，而我们装作不知道他们的把戏。"

可见，窝阔台对这些来求赏赐的人利用其慷慨骗取金钱的伎俩心知肚明，那么他为什么还要故意配合他们演出这场"人傻钱多，速来"的戏呢？

根源就在于窝阔台清楚而深刻地认识到，落后的蒙古文明如果没有伊斯兰文明的外源性输入，被中原文明吞噬和同化只是早晚的事。他的"仁慈"和"慷慨"塑造出的"人傻钱多，速来"的印象，吸引一批又一批中亚、西亚甚至欧洲人来到他的斡耳朵，带来种种迥异于中原的商品和文化，借此来对抗中原商品和文化对蒙古贵族的侵蚀。

针对当时蒙古贵族和依附蒙古的汉族军阀轻视中亚、西亚的文化和商品，而以汉地的货物为贵的现象，窝阔台甚至组织了一场展销会，把来自西亚的货物同中原的同类货物进行比较，其中有"来自呼罗珊和伊拉克

▲ 大量的穆斯林商人不远万里来到蒙古帝国的首都哈拉和林，请求窝阔台的赏赐，并试图成为官方认可的斡脱商人

等地的各种珍宝，如珍珠、红玉和突厥碧玉等；织金料子和金光闪闪的织物；阿拉伯马；呼罗珊和大不里士制造的武器"。

这种比较显然是很不公平的，因为这些来自西亚的货物是在世界范围内享有盛名的商品，而中原的同类货物，特别是武器和马匹，根本无法与之相比较。窝阔台命人做这种比较，显然是要刻意打压汉文化在其汗庭中的影响。

"糊涂"的皇帝

前面已经提到，在窝阔台统治的广大国土上实际上并存着多种互相独立的经济制度。仅中原地区就存在着蒙古、伊斯兰和中原三种经济模式，而前两者因为其"超经济剥削"的性质，与后者有着直接矛盾。因此，代表这些利益集团的大臣们，经常在窝阔台的汗庭上爆发直接冲突。

从理论上讲，因为蒙古贵族和西域商人在经济模式上的"互利"和"合作"，在政治地位上西域商人是远高于中原汉人的，而中原汉人得以和蒙古贵族及西域商人在朝堂上分庭抗礼，完全是因为耶律楚材。

因为契丹和蒙古同属游牧民族且都与金国有深仇大恨，在蒙古灭金的过程中，金国的许多契丹将领都义无反顾地当了带路党，协助蒙古大

▲ 汉化的契丹贵族耶律楚材成为中原势力在蒙古帝国政治舞台上的代言人，其政治地位在失吉·忽秃忽之下

军灭亡了金国。而耶律楚材这种汉化的契丹贵族，则为蒙古统治者出谋划策，这种特殊的关系使契丹人在蒙古帝国有着特殊的政治地位。

耶律楚材作为契丹人，利用这种政治地位以及其在成吉思汗时期积累的政治资本，成为中原势力在蒙古汗庭的代言人。

蒙古势力的代言人则是失吉·忽秃忽，他是成吉思汗的六弟，在成吉思汗时代担任"大断事官"。早年，他是在中原地区实行汉法的先锋，但触及蒙古贵族核心利益时，他则成为蒙古守旧势力的代言人。在中原地区裂土分民、实行蒙古旧俗中的"投下制"，就是他制定和实施的。耶律楚材作为中书令，地位实际上在失吉·忽秃忽之下，他能够在朝堂上与失吉·忽秃忽抗衡，是利用了自己特殊的身份以及汉人将领的支持。

西域商贾的势力代表则是花剌子模人牙老瓦赤，他在成吉思汗时代就担任大宰相，治理撒马尔干的州邑。太宗元年（1229年），诏命牙老瓦赤总理西域财源，征调赋税以丁计。太宗十三年（1241年），窝阔台又命牙老瓦赤主管中原地区的经济，其权力变得越来越大。他与耶律楚材的权势不相上下，甚至更高一筹。

在朝堂上三股势力的几次斗争及其结果中，我们不难窥见窝阔台看似稀里糊涂的治国方针中所蕴含的蒙古式的狡黠和智慧。

第一次冲突是中原势力与西域商贾势力的直接冲突。前文已经提到，羊羔利、撒花、扑买等剥削方式严重摧残了本已经残破不堪的中原经济，因此，耶律楚材上奏停止实行羊羔利，"凡假贷岁久，惟子本相伴而止"，即不再进行利滚利，无论欠债多久，利息都不能超过本金。这次，窝阔台支持了耶律楚材，废除了羊羔利。

第二次冲突与第一次相仿，因前文提到的奥都剌合蛮扑买中原银课二万二千锭一事，耶律楚材上奏罢除扑买制度，声言"扑买之利既兴，必有蹑迹而篡其后者，民之穷困，将自此始"。这一次，窝阔台没有支持耶律楚材，而是站在了西域商人一边，拒绝了耶律楚材的上奏，甚至在耶律楚材情绪激动、声泪俱下时嘲弄作为文官的他"汝欲搏斗耶？"。

第三次冲突是规模最大的一次，即著名的"丁户之争"。耶律楚材同时面对西域商贾和蒙古贵族两股势力，双方围绕中原地区究竟应该以户为单位缴纳赋税，还是以丁为单位缴纳赋税，展开了激烈的交锋。蒙古贵族的代表失吉·忽秃忽认为："我朝及西城诸国，莫不以丁为户，岂可舍大朝之法而从亡国政邪？"

▲ 以张柔（张弘范之父）为代表的汉人军阀在窝阔台时期并无太高的政治地位，他们的利益主要由耶律楚材代表

而耶律楚材根据中原地区农业生产的规律，坚持要求按照汉俗以户为单位缴纳赋税。窝阔台对这次斗争采取的折中处理方式颇值得玩味，他诏令在中原地区使用以户为单位交税的汉俗，在蒙古和西域地区仍然使用以丁为户的税收方法。

从表面上看，窝阔台在三次朝堂论争中，一次支持了耶律楚材，一次支持了他的对手，一次和了稀泥。然而，实际上，在废除羊羔利和撒花等剥削制度之后，窝阔台在1240年下令由国库代偿中原地区欠西域商人的高利贷七万六千巴里矢。同年，窝阔台下令由国库代偿大名府欠西域商人的高利贷八千巴里矢。窝阔台表面上慷慨地替汉人百姓还了债，实际上，他是以这种方式来帮助西域商人挽回废止羊羔利和撒花之后的损失。

另一件事也从侧面佐证了窝阔台对耶律楚材的真实态度。耶律楚材每次为中原之事向窝阔台进谏时都言辞恳切，以至窝阔台一见他就说："汝又欲为百姓哭耶？"窝阔台喜好饮酒，耶律楚材劝他说，酒装在铁做的碗里，碗都会锈坏，而人远不如铁结实，酒喝进肚子里，人体怎会不受损呢？窝阔台虽认为耶律楚材说得很有道理，但依然我行我素，狂饮无度。

由此可见，窝阔台不但不糊涂，而且富有高度的政治智慧，他非常清楚耶律楚材的主张对国家有好处，但他更深刻地意识到，这些"有好处"的主张中隐藏着未知的危险，有可能使人口和文化都处于劣势的蒙古人被迅速汉化从而丧失独立性和统治地位。因此，他竭力在耶律楚材、西域商人和蒙古贵族三者之间寻求和维持一种平衡，以来自内亚的伊斯兰文化抵御汉文化对蒙古人的同化作用。终其一生，他都以一副大智若愚

▲ 窝阔台虽然解决了托雷（图中人物）这个最大的政敌，却漏掉了托雷精明的妻子唆鲁禾帖尼和托雷的几个儿子。唆鲁禾帖尼在蒙古帝国世系由窝阔台一系转入托雷一系中起到了决定性的作用

▲ 托雷的儿子蒙哥最终取代窝阔台的子嗣，继承了蒙古帝国的汗位，开启了蒙古帝国分裂的序幕，历史的下一个节点，停留在南宋的钓鱼城

的姿态玩弄着这种平衡游戏。

然而，人算不如天算，在窝阔台死后，经过孛儿只斤·贵由的短命统治，蒙古帝国的汗位世系从窝阔台一系转入托雷系。窝阔台的孙子海都因不满汗位被夺，联合察合台汗国反叛，与忽必烈治下的元朝在西域、中亚和蒙古高原展开连番大战。窝阔台汗国、察合台汗国和元朝的一系列战争在一定程度上阻断了蒙古帝国向西汲取文明的通路。在此期间，忽必烈在中原完成了一系列全面转向汉化的政治和经济改革，历史的车轮最终向着窝阔台一生所竭力避免的那个方向滚滚而去。窝阔台本人也沦为成吉思汗和忽必烈两位巨人之间一个若有若无的影子，他的所有才华、智慧和成就，都被淹没在蒙古帝国的铁蹄洪流里。

CHAPTER 15

假面武士——
扩张中的日本国家性格嬗变

武士之国的错觉

　　这个世界上的大多数人，特别是中国人和美国人，这两个在"二战"中与日本作战的主要国家的国民，在谈到日本帝国从 19 世纪后半叶到"二战"期间的一系列军事扩张活动时，几乎会条件反射式地将其与"武士道"联系在一起，前者的看法以戴季陶的《日本论》为代表，后者的看法则因本尼迪克特那本著名的《菊与刀》而几乎成为世界范围内公认的定论。

　　中国人视"武士道"为日本侵华的思想根源，美国人则以相似的态度开始了人类历史上规模最大的民族性格改造工程。战败的德国人和日本人成了美国人手中的白鼠，美国人以"从精神和

▲ 美国视大部分缴获的日军装备为垃圾，随意摧毁、丢弃，唯独对军刀格外重视，收缴了约 80 万把，并精选了 3~5 万把带回美国，其余全部摧毁

气质上断绝军国主义根源"为指导思想，对二者进行了一种有趣的"文化阉割"，前者永远地失去了东普鲁士这块发祥地，以及一切与普鲁士相关的地名。后者则失去了约 80 万把日本刀（包括美军缴获的军刀和民间刀剑），一切与武士有关的体育活动也都被禁止，如剑道，直到 1954 年。

　　然而，在那本著名的《武士道》（Bushido : The Soul of Japan）问世十年前，比利时法学家德·拉维里拉（De·Lavilla）询问该书的作者新渡户稻造日本是如何进行道德教育的时候，新渡户稻造承认自己当时并未意

▲ 1932年奥运会马术金牌得主西竹一男爵与其爱马"天王星"。西竹一男爵因在硫黄岛战役中救治美军伤兵等一系列符合"骑士精神"的行为而被西方人幻想成完美的武士

▲ 西竹一男爵的儿子西泰德男爵在日美双方共同纪念硫黄岛战役的活动中在"西大佐战死碑"前讲话。西竹一男爵虽给美军留下了深刻印象，但因为被认为过度西化，他在日本陆军中遭到排挤，并不是当时的"武士道"典范

识到日本有一种叫作"武士道"的道德传统，或者说，他并不认为武士道是一个可以代表当时日本大部分国民道德特征的道德体系。很显然，新渡户稻造是在与西方的接触中才逐渐产生了"武士道即日本国民道德准则"这一概念的。他在《武士道》一书中有意无意地将武士道与西方的骑士精神进行比较，使日本人在道德和人格上与当时的西方人获得了相对平等的地位，并且使这一点为许多西方人所接受，当涉及西方人难以理解的诸如"孝"之类的概念时，他便故意避而不谈。

这不仅使明治时代日本的"脱亚入欧"进程异常顺利，即使在因为"九一八事件"而使日本备受排挤的1932年洛杉矶奥运会上，也有超过10万名美国观众为日本军人西竹一欢呼，因为后者表现出了被西方人认可的某些特质。1944年，西竹一大佐困守硫黄岛时，美军依然试图以骑士精神感召他有尊严地投降，但后者仍以武士的方式自杀了。由此可见，新渡户稻造为西方

兵者不祥

人营造的这种文化相似论错觉相当成功。然而，实际的情况显然并非如此。

泾渭分明的兵与农

"武士"作为一种职业或一个阶级出现，可以追溯至平安时代。然而，在江户时代之前，武士的行为准则和道德标准只是一些相当模糊的概念，即使在武士阶级内部，这些模糊的概念也不是公认的准则。

这并不难理解，在互相杀伐的乱世，很难想象有什么道德准则能够得到较好的执行，基督徒也曾顶着教皇的诅咒开心地射爆对方（教皇英诺森三世在 1139 年颁布敕令，禁止基督徒以弓弩自相残杀，违者下地狱）。武士们除了对领主忠诚之外，多数时候也没有什么特别的道德准则可言，特别是当他们将自己的行为方式实践在农民身上时，往往使后者陷入十分悲惨的境遇。黑泽明的电影《七武士》借农民出身的假武士菊千代之口，说出了武士和农民之间这种激烈的矛盾："你们把农民当作什么，以为是菩萨吗？简直笑话，农民最狡猾，要米不给米，要麦又说没有，其实他们都有，什么都有，掀开地板看看，不在地下就在储物室，一定会发现很多东西，米、盐、豆、酒……到山谷深处去看看，有隐蔽的稻田。表面忠厚但最会说谎，不管什么他们都会说谎！一打仗就去杀落败的武士抢武器，听着，所谓农民最吝啬、最狡猾，懦弱，坏心肠，低能，是杀人鬼。但是……是谁令他们变成这样的？是你们，是你们武士，你们都去死！为打仗而烧村，蹂躏田地，恣意劳役，凌辱妇女，杀反抗者，你叫农民怎么办，他们应该怎么办？"

在这种激烈的经济冲突之下，武士阶级完全没有理由将自身的道德准则加诸农民身上，正如狮子没有理由去教化羚羊，羚羊也不可能认同狮子的行为准则，后者也不可能接受前者的"教化"。

武士之道的下沉

真正的变化出现在安土桃山时代末期到江户时代这一阶段，由丰臣秀吉开创的士农工商"四民"制度被德川家康继承和完善之后，农民开始把贡租缴纳给藩主，藩主再以俸禄的形式将贡租分配给武士。战国时代那种兵荒马乱中的暴力劫夺消失了，农民和武士几乎完全脱离了经济上的联系，双方在战争中那种势同水火的关系也得到了缓解。在整个江户时代，农民造反的"一揆"[1]多针对的是收租的代官、领主，很少针对

---

[1]　日语词语。本意是指同心协力，团结一致。后来泛指百姓、土著、当地人士和势力等非政府组织因某些目标而集结起来的团体，也通称百姓起兵反抗统治者的行为。

　　　　　　　　　　　　　　　　　　　　　兵者不祥

武士阶级本身，甚至也有同情农民的武士自愿加入一揆，反抗幕府，这大概就是电影《七武士》的原型了。

因此，作为"四民"制度的第一等人，武士阶级的文化和道德逐步确立其主导地位的过程，首先是以他们与农民的经济和解作为先决条件的。

其次，德川幕府为了巩固封建体制，也在有意识地推崇武士阶级的文化和道德，以其作为整个社会的准则，从而压制以京都为中心的天皇朝廷的贵族文化。但战国时代武士那种征战杀伐、拔剑生死，只有简单的主仆伦理的形象特征显然不适合作为和平时期的典范，于是"武士道"就出炉了。

因为武士的行为方式本身与当时东亚世界的普世价值观儒学相去甚远，根本不具备提炼理论体系的基础，所以外来的儒学和佛教就成了"武士道"的理论基础。前者以山鹿素行的《山鹿语类》中提出的"兵儒一致的武士道"，即"士道论"为代表；后者则以山本常朝和田代阵基的《叶隐闻书》为代表。前者的核心思想是"道的觉悟"，后者的核心思想是"死的觉悟"，这构成了日后武士道思想的两极。

武士道经儒学和佛教加持后，迅速成为德川幕府对庶民进行道德教育的素材，武士被推崇为整个社会的道德标杆，武士阶级成为其他三个阶级争相模仿的对象，这从当时社会上的流行语"人必武士，花必樱花"中可见一斑。在长达二百五十年的和平时期，幕府通过遍布全国各地的"寺子屋"和"乡校"将儒学作为庶民教育的主要内容，使庶民阶级和武士阶级在儒学上取得了道德共识。庶民以儒学作为道德标准，以幕府推崇的武士典范为道德标杆，逐步形成了一套被全社会认可的道德观念。因为对教育的高度重视，加之没有了科举制度的阻碍，德川幕府治下的日本，普通民众的识字率高达 40%~50%，远超同时代的清朝。武士道逐步由武士阶级的道德准则转化为整个日本民族的民族性格的一部分。在这一过程中，通过庶民教育实现的儒学普及，既是实现武士道全民化的前提，也是实现武士道全民化的路径。

在这一过程中，位于京都的天皇朝廷几乎处于"隐身"状态。几乎没有人会想到，几百年后，天皇会同时成为武士道最残暴的敌人和最狂热的推动者。

武士阶级的末路

在波谲云诡的幕末时代，天皇、幕府和武士三者之间的关系呈现出一种相当离奇的状态，幕府是武士和天皇实际上的饲主，而且在幕府体制存在的数百年间，它一直在竭力阻止二者发生关系。事实上，幕府在这一点上确实非常成功，从藩主手里领取俸禄的武士很难对处于"隐身"状态的天皇有什么实际的效忠之情，他们之间的关系更像欧洲封建领主之间那种"我附庸的附庸不是我的附庸"的状态，却又不尽相同，因为幕府并不是天皇的附庸。

因此，当在西方的刺激之下，武士阶级突然以天皇的名义反抗幕府时，幕府和天皇双方都相当惊愕。从平安时代末期就失去控制的武士集团，突然又主动要求回到天皇的手下，这让天皇自己都有些措手不及。从表面上看，这是日本国内天皇、幕府和武士三者之间以武力对抗形式进行的利益再分配，实际上却是日本在西方的影响下，封建国家逐步解体、民族国家重建的过程。

然而，作为武士阶级道德准则的武士道所提倡的那种多元分散效忠的主仆道德，和君主立宪的民族国家所提倡的那种一元化的天皇效忠，是有着根本性的矛盾的，这也注定了二者之间的蜜月不可能长久。冲突首先发生在军队中，武士作为封建时代的军事贵族，天然地与国家的军队体制不相容，武士出身的士兵无法与庶民出身的士兵和谐相处，也不接受庶民出身的军官的指挥和领导。

▲ 倒幕运动兴起的内在原因是武士道中的"尊王攘夷"思想，外在原因是欧洲新兴民族国家特别是普鲁士对日本的影响

▲ 1890年的日本陆军和海军演习。因为旧的藩本位制度，日本海军（核心来自旧萨摩藩）和陆军（核心来自旧长州藩）一直龃龉不断，直到日本在"二战"中战败

尽管明治政府进行了废藩置县，但封建时代养成的藩本位制度严重地阻碍了军队的组织，这一恶果一直延续到"二战"结束，并导致了日本海军和陆军之间一系列的矛盾和冲突。

这种尖锐的矛盾直接导致了明治三年守旧武士刺杀兵部大辅大村益次郎一事。然而，在好莱坞电影《最后的武士》中，这一事件反而被编排为大村益次郎派人暗杀武士领袖西乡隆盛（电影里叫森胜元），实在是令人哭笑不得的反向操作。

明治政府清楚地意识到，在夺取天下之后，旧武士阶级已经越来越成为国家和社会的不稳定因素，新的民族国家绝不能倚仗武士军队作为国家的主要军事力量，因此，与不服从政府的旧武士决裂，建立近代国民军队，成了明治政府迫在眉睫的任务。兵制改革的主导者、大将山县有朋曾说："为了建设近代国家，迅速实现中央集权，又必须镇压地方频发的士族反动扰乱，因此无论如何有必要通过一般国民的征兵来组织国家军队。"

按照这种"国民皆兵"原则组建起来的国民军队，就是中国人熟悉的"皇军"。"皇军"由部分思想开明、能够接受明治政府军事改革的武士和大部分征召入伍的平民组成。皇军的建立象征着

▲ 近代民族国家不可避免地要由政府垄断全部的合法性暴力，这意味着自古以来以租售暴力谋生的武士阶级必须作为社会不稳定因素被消灭

明治政府决意由政府垄断全部的合法性暴力，这是近代民族国家的基本准则，贯彻这一准则也就意味着和自古以出租暴力为生的武士阶级的公开决裂，双方的正面冲突不可避免。

最后的武士

"皇军"和武士的公开冲突终于在明治十年（1877 年）以西南战争的形式全面爆发。明治维新的功臣西乡隆盛在政治斗争失败后回到鹿儿岛，领导一批对改革不满的"不平士族"，发动了一场意图不明的叛乱。值得注意的是，由于长达千年的武士文化的熏陶和德川幕府两百多年的武士道教育，由平民组成的"皇军"在战争一开始对与叛乱武士作战心怀恐惧，连许多武士出身的"皇军"指挥官也都持败北主义思想，不相信手下这群庄稼汉能够与征战千年的武士作战，甚至有士族出身的军官嘲笑自己的士兵：

> 武士就是武士，农民就是农民，绝不是放下锄头拿起了刀，就可以变成武士了。

除却武士道教育，一般平民还受江户时代流行的能剧、净琉璃戏、

▲ 法国杂志《世界画报》1877年描绘的西乡隆盛和追随他的武士。此图有艺术夸张的成分，因为当时西乡军很少有人穿铠甲，他们主要使用步枪等现代武器

狂言等戏剧的影响，认为武士"忠勇无敌"，平民军队根本不是其对手。"皇军"出征时，许多百姓在路边看着这些新入伍的农家子弟指指点点，认为他们是无畏赴死的傻瓜，一上战场就会被武士军队斩杀殆尽。

然而，战争的走向和他们的想法大相径庭，尽管叛乱的武士展现出了相当高的军事素养，在复杂地形以武士刀为武器对明治军进行白刃突袭战，掀起人体残肢和血肉风暴的作战方式也确实让干民出身的"皇军"感到胆寒。因为伤亡惨重，场面骇人，平民军队中出现了畏战情绪，明治政府不得不组织精通剑术的旧武士组成拔刀队，对西南叛军的白刃突袭战术进行反制。

▲ 西南战争以鹿儿岛山城陷落、西乡隆盛的死而告终，画面左下方为明治政府的国民军队，右上方为武士叛军

但随着战争的持续，叛军的弱点逐渐暴露出来，他们既缺乏可靠的兵员补充，也没有稳定的弹药补充，更缺乏可以攻坚的重武器。最要命的是，叛军缺乏一个目标明确的作战计划，连叛乱

兵者不祥

的领导者西乡隆盛本人也不知道发动叛乱的最终目标是什么，尽管"皇军"遭受了相当惨重的损失，叛乱还是以西乡隆盛的死而宣告失败。

武士的残骸与记忆的重构

尽管明治政府和"皇军"赢得了西南战争，但旧武士在战争中表现出的作战技巧和无畏精神也深深地震撼了他们。带有浪漫主义色彩的悲剧武士西乡隆盛战败自杀后反而成为民众的偶像，被作为践行武士道的典范受到人们的崇拜，而那些战死以及战后被处刑的叛乱武士也受到了民众广泛的同情。明治政府在尴尬之余意识到了另外一个更深刻的问题：民族国家的建立实质上是共同体的重建，而共同体的重建必须依赖共同记忆的重构。正如赫尔穆特·理查德·尼布尔所说：

> 没有集体记忆，没有共同体认可的过去，就没有真正的共同
> 体。要想形成共同体，必须建立共同记忆……共同记忆的多寡决定
> 我们之间联接的程度。

西南战争的结果表明，日本构建整个国家共同记忆的最大公约数无

疑是武士道精神，但西南战争的结果同时也表明，旧的武士道无法和新建立的近代国家体制相容，于是明治政府立即开始着手构建"新的武士道"。平定武士叛乱的次年即 1878 年，陆军大臣山县有朋颁布了《军人训诫》，其中强调：

> 我国古来武士之忠勇为主，自不待言也。可为忠臣勇士之龟鉴者，世世莫不有之……我日本帝国之人民，以忠良骁勇之名光耀于四邻，彼我之史乘皆有显著记载。故忠勇者，我等祖先所传受，我等血脉中固有之遗物，愿永世保存，传之子子孙孙，勿以不忠卑怯之污名毁伤祖先之遗物，此乃我等之衷情也。

▲ 尽管战败自杀，但因其性格中的浪漫主义和英雄主义因素，西乡隆盛反而被认为是武士的典范，受到了人们的广泛同情和崇拜，这对明治政府来说是一个尴尬的结果

这份《军人训诫》里有两个很关键的信息点：一是将武士道的承载主体进行了转换，由武士阶级变成了"日本帝国之人民"；二是强调"故忠勇者，我等祖先所传授"，把第一点用"自古以来"的形式确定下来。这份《军人训诫》标志着明治政府开始用"新的武士道"取代"旧的武士道"以完成民族国家共同记忆的构建。

明治十五年，政府又以天皇的名义

发布了《军人敕谕》，除了再次强调"新的武士道"，还对"旧的武士道"进行了猛烈的抨击，针对社会上崇拜西乡隆盛的思潮，这份《敕谕》里严厉地斥责道：

自古或立小节之信义，而误大纲之顺逆，或迷公道之理非，而守私情之信义，虽为英雄豪杰，可惜遭祸灭身，留尸上污名于后世，其例不少，当深警醒。

《军人敕谕》的发布标志着在经济上铲除武士阶级赖以存在的基础（废藩置县、秩禄处分），政治上废除武士阶级赖以生存的暴力特权（废刀令），最后在肉体上消灭仍不服从的顽固武士（西南战争）之后，明治政府完成了对旧武士道的扬弃，而其建立的"新武士道"虽然保有武士道的名字和外表，核心却是披着武士道外皮的军国主义，是如假包换的来自普鲁士的舶来品。

为了使人民信以为真，明

▲ 对明治政府而言，西南战争其实是一个契机，他们得以从肉体上消灭了最后的反抗者，进而驯服了剩下的活着的武士

▲ 明治政府通过广泛高效的基础教育体系向全民灌输其发明的"新武士道"。至1890年，日本平民的识字率为73%，女子的识字率也超过50%，同一时期清朝的识字率不足10%，97%以上的妇女是文盲

治政府组织理论家对"新武士道"进行了一系列完善。1908 年，山方香峰出版了军国主义色彩浓厚的《新武士道》，称："日俄战争是国民精神以武士道的形式开出的最美的花。"这标志着新武士道或者说军国主义武士道理论体系的正式形成。

鸠占鹊巢的军国主义武士道对旧武士道中一些不符合其意志的特点进行了篡改，因为清朝在 19 世纪表现出的一系列衰败、堕落和消沉，使日本原本对清朝的审慎和防备态度逐步变为歧视和鄙夷。作为国家道德标准的武士道中居然有大量衰败国家的思想，让日本的"历史发明家"感到尴尬和耻辱，一些日本儒学家开始有意识地将"新的武士道"与"旧的武士道"中的儒学基础剥离开来。针对新渡户稻造的《武士道》一书中关于武士道受到阳明心学影响的观点，井上哲次郎批评道："阳明学……与武士道的发展无任何关系。"

井上哲次郎自欺欺人地宣称："（武士道）笃于实行，与王学（即阳明心学）相比，有优无劣。"针对武士道"去儒学"后的空洞现象，井上哲次郎提出武士道的核心是"皇道的武士道或神道的武士道"。这个核心用通俗的语言解释就是"效忠天皇，毫无保留地赴死"，这和传统武士道"忠于主君，适时去死"的观念差距巨大。为了抵消西乡隆盛这些旧武士偶像的巨大社会影响力，明治政府无限度地拔高

▲ 至今屹立在皇居门外的楠木正成像，"二战"中成千上万的日本士兵因他留下的名言"七生报国"而赴死

兵者不祥

和推崇南北朝时期为保卫天皇而死的武将楠木正成，除了在明治五年建成了专门祭祀楠木正成的凑川神社（又名楠公社），又于 1904 年让东京美术学院的学生铸造了巨大的楠木正成青铜雕像，竖立在皇居之外，象征世世代代保卫天皇。

只值 4 分钱的生命与武士幻觉

至此，明治政府完成了对旧武士阶级和旧武士道德的摧毁，以及新武士阶级和新武士道德的重建。所谓"新武士阶级"就是"天皇陛下的军人"，被武士阶级压迫了千年之久的平民阶层，经过江户时代二百余年的武士道的熏陶，终于在明治时代获得了梦寐以求的武士身份。与丰臣秀吉时代要期待主君施舍和恩赐不同，明治时代的平民只要愿意拿起枪为天皇赴死，便可摇身一变成为"皇军"，也就是"天皇陛下的武士"。明治政府给他们灌输的"武士幻觉"让他们以为自己真的拥有了古代武士生杀任情的特权，他们急不可待地期待在军事扩张中把旧武士阶级施加在他们身上上千年的那种恣意妄为的权力，施加在被侵略国家的人民身上。

在"皇军"建立的初期，这种"武士幻觉"尚不明显，在甲午中日战争中，日本军队表现出的一系列类似于西方军队的特点，甚至受到了西方媒体的赞扬。但随着日本政府对"新武士道"的大力推崇和对军队行为的有意识放纵，主要由平民组成的"皇军"开始以武士的姿态将曾经遭受的种种不幸加诸被侵略国家的土地上。

▲ "皇军"早期的目标并不是"武士化"，而是获得与欧洲军队平起平坐的地位，因此处处模仿欧洲军队。在这张描绘日俄战争的浮世绘中，日本官兵完全被描绘成白种人模样，不看军服简直难以分辨日军与俄军

　　如果比较纳粹德国军队和日本军队在战争中的暴行就不难发现，除了二者共同的人性之恶，前者的暴行多数表现出明显的组织性，即"我被命令作恶"，而后者的暴行往往缺乏组织性，更多地表现为一种类似用放大镜烧焦蚂蚁的恶童式的恣意妄为，即"我有权力作恶"。如果进一步仔细观察日本士兵在战争中的暴行，会发现为了类似彰显权威或测试刀剑锋利程度等原因而进行的无意义杀戮、戏谑性的破坏、无目标的劫掠和报复性的纵火，这几乎和数百年前战国时代武士在战争中对日本农民所做的事情一模一样。

兵者不祥

这些"天皇陛下的武士"只不过把"主君的武士"曾施加在他们身上的残酷，加倍施加在了其他国家的农民身上。

▲ 与纳粹常有计划地进行屠杀和破坏不同，日军的暴行常常并无明确的动机或目标，仅仅因为"我有权力这样做"或"这样做会获得同袍的认可"，后者的内疚机制也和前者完全不同

为了加强这种"武士幻觉"，日本政府力图使"皇军"和古代的武士建立某种精神和文化上的联系。1933年，荒川五郎、栗原彦三郎等在东京下议院向日本政府提出复兴日本刀剑的建议案，以重振日本传统精神及文化，获得下议院一致通过。日军决定为军官配发武士刀样式的

▲ 注意画面右上角，它表现了日军当时装备的西式军刀被中方第二十九军官兵的大刀砍断的情形

新式军刀，以进一步强化"皇军"的"武士幻觉"。国内观点普遍认为此举是受喜峰口之战的影响，实际上，这一提议在喜峰口之战前就已经经过了长时间的酝酿和讨论，中日在喜峰口爆发的白刃战只不过加速了这一过程而已。

然而，尽管都是"天皇陛下的武士"，阶级和出身还是悄然地在"武

▲ 95式士官刀除了造型，在工艺和结构上与传统的武士刀甚少有相似之处，连刀柄上的柄系都是假的，但就是它赋予了出身卑微的下层士官"武士的幻觉"

士的象征"上显露了出来，旧武士和贵族出身的军官常为祖传的刀配上军刀的刀装以彰显自己的身份，这些刀都是用日本玉钢由传统工艺锻造而成的，而下级的军曹和曹长配发的95式军刀用的则是"陆军规格刀剑钢"，由工业方法锻造后油淬而成，连刀柄上的柄系和三联樱目贯都是用铝或铜压制而成的。然而，偏偏就是这种根本算不上日本刀的"铁棒"（指没有经过"本锻炼"，由工业钢切削锻造成型后油淬的机制刀），却制造了"二战"中第二多的冷兵器杀戮（第一为30式刺刀）。

出身卑微的军曹和曹长们挥舞着这种非驴非马的东西，仿佛化身为古代战场上掌握生杀大权的武士，在敌国的土地上恣意杀戮敌方的军人和平民，斩首俘虏，践行数百年前武士"切舍御免"的权力，极大地满足了自己的"武士幻觉"。对此，日本政府也乐见其成。在古代，武士作为精锐战士，供养成本十分高昂，而现在，只要在征召令上贴上4分钱邮票，他们便会为了天皇和国家而毫无保留地赴死，恐怕比古代的武士还要干脆些。战后有日本老兵在回忆录中写道：

天皇陛下的武士了，大日本帝国的军人了，当时就是那么

兵者不祥

认为的，于是就不分对错地斩下去，后来看到整个联队的人都像牺牲一样被打死在太平洋的海岛上，才意识到我们的生命只不过值 4 分钱的邮票而已。

▲ 日军在太平洋战场被美军的自动火力打得尸横遍野的情形震撼了一些日军士兵，使他们开始对“武士道”和生命的意义进行反思

　　“武士道”作为武士阶级特有的道德伦理，在江户时代定型后，经过两百余年的儒学教育，逐渐深入人心，最终被明治政府用作民族国家建立过程中构建共同记忆的原始素材。表面上，武士道精神似乎已上升为国家道德，发扬光大，而实际上，这个过程正是武士阶级衰败、武士道

毁灭的过程。明治政府豢养的历史发明家们创造的"军国主义武士道"表面上看起来是旧武士精神在新时代的传承，实际上却是建立在旧武士阶级血与骨之上的假面。当"天皇陛下的武士们"掀开颊当[1]时，无疑，露出的大多数是一张张急着去赴死的农家少年的面庞，他们每个人的生命，只不过是一张4分钱面值的军用邮票。

小记：

笔者想起多年前看过的一部日本反战动漫《音速雷击队》，动漫里被迫驾驶樱花飞弹[2]的日本飞行员的梦想是三十年后把人类送上月球，而因为拦截日本自杀飞弹而战死的美军飞行员的梦想是三十年后成为世界第一的漫画家。该动漫借一个日本士兵之口说道：

> 如果在这场战争中死去的世界各地的年轻人都还有30年能活的话，一定能做好多好多事情。

---

[1] 日本武士盔甲上的面具。
[2] "二战"末期装备火箭发动机的日本自杀式载人飞弹。

CHAPTER 16

战后之战——
西亚病夫的救亡之路

1918 年，后来写下《存在与时间》的德国哲学家马丁·海德格尔博士应征入伍，加入了世界大战的滚滚洪流。海德格尔这种健康不佳的知识分子的参军标志着大战的始作俑者德意志帝国的战争潜力已经接近极限。作为一名气象兵，海德格尔博士注意到 1918 年的冬天比以往的都要寒冷，他向上级报告这一现象的时候收到了一条命令："停止观察那些云彩，我们投降了。"

持续了整整四年的人类有史以来的第一次全球性自相残杀终于停了下来，超过 1500 万人在战争中丧生。从索姆河平原到加里西亚，有幸在 1919 年春季播下种子的农夫发现，这一年的庄稼长得特别好，那是因为整团整连的年轻生命都被马克沁机枪和榴霰弹无情地碾碎在了欧洲的沃野里，进入了永无止境的碳循环。

前所未有的总体战争理念和层出不穷的新式武器不仅耗尽了所有主要参战国年轻人的生命，也让整个国家筋疲力尽。人类的战争目标第一次从迫使对方屈服，变成了耗尽敌人现在和未来的所有战争潜力。因此，到 1918 年，除了美国和日本，无论是战胜国还是战败国，均已陷入无力再战的地步。损失最为惨重的法国有整整一代人战死疆场，直到第二次世界大战到来，他们都不愿再战。但无论如何，他们终于在 1918 年

▲ 索姆河战役中阵亡的协约国士兵，在这一片土地上，每平方米平均落下三颗炮弹，如深耕过一般

寒冷的冬天赢得了一场皮洛士式的惨胜。而对另外一些人来说，他们的存亡之战才刚刚开始。

刀俎之下的西亚病夫

　　在 1918 年 11 月，最糟心的并不是已经终结的俄罗斯帝国，也不是正在解体的奥匈帝国，而是岌岌可危的奥斯曼帝国，这个曾经威震欧亚的霸主在 19 世纪衰落到被人讥为欧洲病夫（sick man of Europe），因为与被讥为东亚病夫的清国人有同病相怜之感，遂被讥为"西亚病夫"，仿佛多了个伙伴，他们就不再孤单。

　　实际上，20 世纪初的奥斯曼帝国远比同时代的清朝要强大得多，奥斯曼帝国的"洋务运动"不仅早了清朝一百多年，而且改革的范围和深度均远超清朝。第一次世界大战爆发前，奥斯曼帝国已经初步建立了近代工业体系和一支欧洲式的近代化军队，大量来自德国的军事教官使奥斯曼军队在军事素养上并没有落后于欧洲军队太多，奥斯曼军队中也不乏穆斯塔法·凯末尔这样出色的指挥官。在政治上，掌握权力的青年土耳其党人抱有浓烈的民族主义情绪，摩拳擦掌地希望在新的历史变革中重振奥斯曼帝国，特别是要向 17 世纪以来连续发动十次俄土战争的俄国复仇。"一战"爆发前，奥斯曼帝国向英国订购了两艘世界一流的无畏级战列舰，连安纳托利亚的小学生都为购买军舰捐了钱，整个国家似乎处于一种冉冉上升的复兴状态。

然而，在帝国深处，改革引发的一系列连锁反应却使帝国的政治和经济陷入每况愈下的怪圈。从1792年就开始的改革不断深化和扩大，从起初的引进西式武器和西方军事技术逐步扩大到经济和政治领域的改革，深入司法、管理、税收、社会习俗各个方面。到20世纪初，改革已经深刻地改变了整个帝国核心区的社会面貌。第一，专制帝国的顽疾在让改革者们在与守旧势力的不断斗争中流血、牺牲的同时，也使一些改革者不可避免地沦为和他们一样的贪腐者。改革产生的红利让改革者们形成了新的既得利益阶层，然后又被新的改革者所取代，使改革的成果极大

▲ 奥斯曼帝国的改革为帝国带来了生机，也使它加速陷入危机

地内耗在这种癌症循环中。

第二，改革的宏愿与苏丹的私利并不完全一致，富国强兵固然是苏丹希望看到的，但苏丹的首要目标是稳固自身的统治。当改革与苏丹的利益发生冲突时，改革之路往往会出现反复并遭遇曲折。

第三，在不断"西化"的过程中，奥斯曼帝国对西欧国家的经济和军事依赖不断加深。到19世纪末时，英法对奥斯曼帝国的"帮助"实际上已经严重地侵害了帝国的经济主权。遍布帝国军队的德国教官在提高军队的军事素养的同时，也常常越过帝国军官直接指挥军队作战。

第四，奥斯曼帝国是一个多民族的大帝国，小亚细亚核心统治区之外的广袤领土，很多都依靠宗教和政治联姻维系着程度有限的委任统治。在帝国核心区进入近代资本主义时代时，广大的外围地区还处于封建甚至原始部落状态，因此，改革不可避免地伤害了原有的封建政治体系。帝国世俗化的进程削弱了不同区域彼此之间的宗教联系，在帝国的领土阿拉伯半岛上，瓦哈比运动掀起的原教旨主义浪潮动摇了苏丹作为哈里发的宗教权威，使昔日的穆斯林盟友们与帝国日益离心离德。作为帝国藩属的埃及，在两次埃土战争中打得帝国灰头土脸，甚至一度攻入帝国本土，使帝国的分裂主义势力蠢蠢欲动。

▲ 瓦哈比运动彻底撕裂了奥斯曼人和阿拉伯人的宗教联系，阿拉伯人不再承认苏丹作为伊斯兰世界领袖的权威

最致命之处在于，20世纪初之后掌权的青年土耳其党人是一群不折不扣的"精德"，他们中的骨干多有在德国留学的经历，不仅崇尚德意志帝国19世纪后半叶的赫赫武功，而且认为德国不像英法那样在奥斯曼帝国拥有重大的经济利益，进而疏远了用血替帝国保下克里米亚半岛的传统盟友英法，转而越来越亲近德国。奥斯曼帝国倒向德国的另外一个重要原因是，全国上下都有强烈的对俄复仇愿望，在战争不可避免且英法俄同盟已经形成的情况下，奥斯曼帝国绝不愿与世仇俄国并肩作战。此外，英国在开战的最后关头，毫无信用地扣留并征用了奥斯曼帝国举国募捐购买的两艘战列舰，这成为促使奥斯曼帝国倒向德国的最后一根稻草。

在战争前期和中期，由德国人指挥的奥斯曼帝国军队在达达尼尔海战、加里波利战役、库特围城战中取得了一系列胜利，让英法老师捶胸顿足，后悔当时将学生推向德国的不智之举。但随着战争的不断深入，奥斯曼帝国所有的顽疾和沉疴都在这场世界大战中集中爆发。在奥斯曼军队取得前述的一系列胜利的同时，糟糕的后勤让奥斯曼帝国军队在高加索地区的失败变成了一场大溃退，死于严寒和饥饿的人比战死的人多得多，即使在局部战场获胜，也无法扩大战果。随着对俄战争的不断失利，军队开始有计划地清除亚美尼亚裔官兵，以防他们投向自己的东正教友。

1916年，在欧洲战场一筹莫展的协约国决定对奥斯曼帝国进行釜底抽薪的致命一击。英国军人托马斯·爱德华·劳伦斯（Thomas Edward Lawrence，即"阿拉伯的劳伦斯"）进入阿拉伯地区，开始策划阿拉伯大起义。长期以来，奥斯曼帝国中的土耳其人和阿拉伯人作为穆斯林教友，保持着类似清帝国中满洲人和蒙古人之间的那种政治和宗教联盟关系，共同维系着整个帝国。到 20 世纪初，因为前面提到的一系列原因，土耳其人和阿拉伯人之间的联盟关系已经岌岌可危。英国在阿拉伯半岛的行动犹如一记背刺，重创了在欧洲战场尚可支撑的奥斯曼帝国。到 1917 年底，英军连续攻陷麦加、巴格达和耶路撒冷三座具有标志性意义的城市，奥斯曼帝国失去了整个阿拉伯半岛，处于腹背受敌的状态。1918 年初，英军攻占大马士革，兵临土耳其本土，奥斯曼帝国只能引颈就戮，于 1918 年 10 月 30 日投降。在欧洲战场，屡次在"欧洲病夫"面前受挫的协约国为了泄愤，逼迫土耳其在"阿伽门农"号战列舰（在达达尼尔海战中被奥斯曼军重创）上签署了停战协议。

▲ 土耳其人和阿拉伯人长达 300 年的政治和宗教同盟被英国人稍一拨弄便造成了多米诺骨牌般的崩溃效应

停战协议对奥斯曼帝国非常严厉和苛刻，约定奥斯曼帝国必须开放达达尼尔海峡和博斯普鲁斯海峡，协约国军舰可以自由进入黑海，由协约国军队占领海峡要塞，奥斯曼帝国军队军人立即复员并遣散，并交出全部军舰。

这份报复性和摧毁性的停战协议标志着奥斯曼帝国在事实上已经解

　　　　　　　　　　　　　　　　　　　　　　　兵者不祥

体。协约签订十天后，英国舰队开进了达达尼尔海峡，控制了整个海峡，随即占领了伊斯坦布尔、萨姆松、艾因塔布及其他军事要地，并深入帝国腹地安纳托利亚东南部。法国也不甘示弱，派兵进入了西里西亚和阿达纳地区。意大利不仅占有了之前通过意土战争攫取的利比亚，还在安塔利亚登陆，占领了协约国许诺给它的一部分地区。协约国其他成员也纷纷跟进，想从轰然倒地的巨人身上撕扯下一块肉。

更为危急的是，英国在巴黎和会上提出了对土和约的激进主张："将土耳其彻底逐出欧洲，君士坦丁堡（伊斯坦布尔）和达达尼尔海峡由国际共管，土耳其放弃包括阿拉伯半岛在内的殖民地和势力范围，协约国有权占领土耳其任何军事要塞。"

这一切的幕后推手是英国首相劳合·乔治，他这样做的目的主要是为了报复奥斯曼帝国在一战前倒向德国的行为，以及土耳其军队在加里波利战役中给予英属澳新军队的重击。其次还有一些私人的原因：在英国征用本属于奥斯曼帝国的两艘无畏级战舰时，温斯顿·丘吉尔曾劝告英国政府不要过度激怒奥斯曼，以免其一怒之下加入德国一方，最低限度应使其保持中立，但劳合·乔治并没有采纳丘吉尔的建议，终于铸成大错。因此，劳合·乔治对战败的奥斯曼帝国的残酷报复，也有泄私愤的原因。

苏丹政府已被解除武装，并已成为砧板上的鱼肉，只能任人宰割，忙于加入第一次世界大战又站错队闯下弥天大祸的土耳其青年党"三大帕夏"全都逃到欧洲做起了寓公，以逃避战争审判。不仅奥斯曼帝国已经解体，土耳其作为一个民族似乎也难逃灭亡的命运。

魂兮归来的拜占庭军

　　英国在大战中的消耗也很大，无法独立完成"肢解"奥斯曼帝国的任务。此外，法国对英国的"肢解"计划心怀疑虑，美国则明确表示不同意其计划，因此，英国需要一个合适的代理人来完成这一切。1919 年 5 月 5 日，希腊军队在英国的支持下在小亚细亚港口伊兹密尔登陆，在占领了伊兹密尔及其周边地区后继续向东挺进，深入土耳其腹地。英国选择希腊来担任其代理人，是非常具有深意的。1453 年，拜占庭帝国（东罗马）的首都君士坦丁堡被奥斯曼人攻陷，末代皇帝君士坦丁十一身死国灭，罗马帝国的法统从拜占庭转入俄罗斯。我们现在在俄罗斯国徽上看

▲ 一战爆发前的欧洲局势，举着伏特加酒瓶的俄国气势汹汹地注视着巴尔干半岛

到的双头鹰，就是罗马帝国皇权的象征。俄罗斯发动十次俄土战争，不惜伏尸百万，除了攫取土地和利益，另一个重要目标就是收复东罗马帝国的首都君士坦丁堡，为自己正名。

　　想光复罗马的除了俄国人，还有希腊人，拜占庭帝国虽然号称罗马，实际上从中期开始就已成为一个希腊化的国家。拜占庭帝国之于奥斯曼帝国，犹如明朝之于清朝，二者的核心统治区基本重合，且前者亡于后者之手。奥斯曼帝国统治下的希腊人，犹如清朝统治下的汉人。把希腊

兵者不祥

人对奥斯曼帝国的政治企图看作欧洲版的"反清复明"，就很容易理解二者之间的关系了。

在俄罗斯帝国灭亡之后，刚独立不久的希腊就独自承担了"反清复明"的任务。在看到奥斯曼帝国战败、军队全被遣散、苏丹束手就擒时，希腊人简直欣喜若狂，英国人稍稍一撩拨，希腊人就急不可待地组织了一支收复失地的军队，踏上了已经沦陷了近800年的亚洲故土。

▲ 1821年，希腊爆发独立起义，摆脱了长达400年的奥斯曼殖民统治，重新成为主权独立的国家

土耳其人清楚地认识到，如果协约国的其他成员只是想从奥斯曼帝国的尸体上撕下一块肉的话，希腊人则是来彻底灭亡土耳其民族的。

1919年4月，协约国在圣雷莫起草了《色佛尔条约》草案。按照约定，土耳其本土将被瓜分，希腊将分得小亚细亚的重要地区，包括阿德里安堡和加利波利半岛在内的全部色雷斯地区都归属希腊。爱琴海上的土耳其岛屿也归希腊所有，但是土耳其将保留君士坦丁堡的主权。土耳其海峡将由国际共管并且实施非军事化管理。

这一条约实际上是在毁灭土耳其，因此，在协约国起草条约的同时，土耳其人决定开展一场自救行动。1920 年 4 月 23 日，第一次世界大战中的土耳其英雄穆斯塔法·凯末尔将军在安卡拉建立土耳其国民议会政府，并宣布成为土耳其的唯一合法政府，拒不执行任何奥斯曼帝国政府的命令，也不承认其签订的《色佛尔条约》，并决心用武力对抗所有入侵土耳其本土的外国势力。

因此，1920 年 6 月，急不可待的希腊军队打着执行《色佛尔条约》的大旗，拿着英国提供的武器，直扑安纳托利亚和色雷斯。由于奥斯曼帝国的军队在战败后大部分被就地遣散，希腊军队势如破竹，连续占领了巴勒克希尔、布尔萨和埃迪尔内等城市。希腊军队在向土耳其腹地深处不断推进的过程中也沮丧地发现，尽管小亚细亚曾是拜占庭帝国的核心统治地带和主要兵源地，但他们期待中的故土百姓箪食壶浆以迎王师的场面并未出现。经过几百年的伊斯兰化，当地的居民早已成为信仰坚定的穆斯林，而把希腊人当成了不折不扣的外来侵略者，纷纷组成游击队袭击希腊军队。随着希腊军队的补给线变得越来越长，希腊军队的推进速度也变得越来越慢。

另一方面，凯末尔将军号召被遣散的奥斯曼帝国军人组织起来保卫祖国，努力组织一支国民军队，苏丹政府中的爱国军人不断加入凯末尔一方。1921 年 1 月，土耳其军队第一次在伊诺努与希腊军队展开正面会战，尽管土耳其国民军只有 1.5 万人，但都是受过严格的德式训练且在一战中身经百战的老兵。相比之下，希腊军队有 6 万人之众，虽然他们名义上是"收复故土"，但时过境迁，早已是客场作战，天时地利一样也没有。经过激烈的战斗，1.5 万人的土耳其国民军击退了 6 万人的希腊军队，取得了第一次伊诺努战役的胜利。然而，凯末尔的实力依然很薄弱，也无力进攻希腊军队，双方转入战略相持阶段。

奥斯曼死，土耳其生

除了野心勃勃的希腊，试图毁灭土耳其的力量还存在于土耳其内部。奥斯曼苏丹政府在签订了丧权辱国的《色佛尔条约》之后，失去了全体国民的信任，已不能再与凯末尔的国民议会政府相抗衡。凯末尔在国内的敌人只剩下两个：新生的苏维埃俄国所支持的土耳其共产党和凯末尔曾经的上司恩维尔帕夏。

马特·伊斯梅尔·恩维尔是奥斯曼帝国曾经的英雄，作为土耳其青年党的领袖人物，他青年时代目睹了奥斯曼帝国的腐败和软弱，立志要复兴帝国。他的一系列赌徒式的军事和政治冒险获得了成功，让他成了苏丹的女婿和奥斯曼帝国的中流砥柱，也让奥斯曼帝国卷入了"一战"这个万劫不复的深渊。他曾是凯末尔的上司，两人的性格却截然不同。

恩维尔是一个理想主义者和浪漫主义者，拥有切·格瓦拉式的超凡魅力。他富有激情，善于演说和鼓动，迷恋宏大的规划并愿意为此献身，却缺乏实际执行能力。恩维尔有着一些不切实际的政治理想，他试图将所有信仰伊斯兰教、说突厥语的民族联合起来置于奥斯曼帝国（其实是他本人）麾下，这种可怕的想法直接使他成了亚美尼亚大屠杀的罪魁祸首。

凯末尔则是一个现实主义者，他精于算计且脚踏实地，性格沉稳坚毅。他是一个典型的职业军人，只相信现实。凯末尔没有恩维尔的诸多头衔和光环，也没有恩维尔在土耳其国内和伊斯兰世界的巨大影响力和号召力，他的威望完全得益于他出色的军事指挥能力和坚定的意志。在加里波利战役中，凯末尔参加了最为关键的几场战斗，重创了英军的澳新军团。

因为性格上的这种巨大反差，恩维尔和凯末尔曾在利比亚共事期间发生过激烈的冲突。在奥斯曼帝国战败之后，恩维尔辗转潜逃到了苏俄。苏俄试图利用恩维尔在土耳其国内和伊斯兰世界的威望，在"一战"后的混乱中介入土耳其局势。但恩维尔显然有着不一样的打算，他试图利用自己的影响力和其苏丹女婿的身份，把所有信仰伊斯兰教、讲突厥语的民族联合起来，在土耳其人的老家中亚重新复兴奥斯曼帝国。这个新的"突厥人帝国"不但囊括了土耳其本土和苏俄控制下的整个中亚，还包括中国的新疆。在至今仍然危害新疆和中亚地区的"双泛思想"的发展史中，恩维尔帕夏是一个重要的标志性人物。当然，为了达到目的，他一开始是伪装成一个亲共产主义者接近苏俄的。

凯末尔则对恩维尔的"宏大理想"毫无兴趣，他清楚地认识到，土耳其民族要想在这场风暴中存活下去，奥斯曼帝国必须彻底死去，必须彻底放弃伊拉克、叙利亚、亚美尼亚和巴勒斯坦等领土，只保有土耳其人世代居住的小亚细亚本土。只有让土耳其从一个让列强如坐针毡的大帝国，变成一个平淡无奇的中小型民族国家，才能在最大程度上打消列强彻底灭亡土耳其的企图，使他腾出手来全力应对希腊。凯末尔连近在咫尺的叙利亚都毫不留情地放弃了，更不要提千里之外的中亚故土了。这种性格和理念上的水火不容注定了二人最后你死我活的结局。

在英国明确表示支持希腊、法国左右观望的情况下，新生的红色苏俄就成了一支决定性的外部力量。苏俄采取了三方下注的策略，在扶持土耳其共产党的同时，把恩维尔豢养在莫斯科，并对凯末尔示好。

存亡之战——萨卡里亚

凯末尔敏锐地觉察到了苏俄的意图，他意识到没有苏俄的支持，他不可能战胜英国支持的希腊，于是一个永远成谜的事件发生了。1921 年 1 月 28 日，土耳其共产党领导人穆斯塔法·苏布希夫妇及土耳其共产党高层一行人在黑海的港口城市特拉布宗被强制登上了一艘神秘的船，这艘船在黑海航行时"恰好"失事，土耳其共产党高层全部遇害。土耳其共产党指责是凯末尔策划了这起事件，凯末尔坚决否认，并指控是恩维尔策划了这一事件，同时逮捕了国内一些亲恩维尔的军官，并明令禁止恩维尔本人及其手下进入土耳其本土。

苏俄政府对双方的说法不置可否，但明显因为此事疏远了恩维尔。鉴于土耳其共产党已经在黑海事件中团灭，苏俄开始大力支持凯末尔。苏俄的考虑是非常具有现实意义的，苏俄不是沙俄，没有罗马情节的束缚。在苏波战争失败的不利形势下，让亲英的希腊在小亚细亚建立一个新的"拜占庭"显然不符合苏俄的利益，而恩维尔日益严重的泛伊斯兰和泛突厥思想使他已经不适合做苏俄在土耳其的代理人，所以，黑海上那艘倒霉的船究竟是谁弄沉的，已经不重要了。

得到苏俄的全力援助后，凯末尔获得了与希腊抗衡的力量，越来越多参加过"一战"的爱国官兵聚集到他麾下，凯末尔逐渐拥有了和希腊军队决战的实力。希腊军队深入土耳其腹地，补给线拉得太长，经常遭到土耳其游击队的袭击，而希腊国内因为战争久拖不决，反战情绪高涨。英法美之间因土耳其问题产生的分歧也越来越大，希腊从西方获得的援助越来越少，迫切地想寻找决战机会，希望能够一次性摧毁凯末尔。

1921 年 7 月，希腊军队发起了总攻势，9 万人攻入安纳托利亚高原，迫近安卡拉，迫使土耳其国民军出来决战。7 月 28 日，土耳其国民军战事不利，节节败退，一直退到了萨卡里亚河畔。本来支持凯末尔的苏俄眼见形势对土耳其军队不利，立刻安排恩维尔赶往巴统，并在苏土边境陈列红军重兵，准备等凯末尔战败后，迅速利用恩维尔介入土耳其。

凯末尔和整个土耳其民族在 1921 年 8 月迎来了生死关头，他们面前是要将土耳其亡国灭种的希腊军队，背后是随时准备捅出致命一刀的苏俄

"盟友"。凯末尔一边分兵在苏土防线部署，防止苏俄背后插刀，一边在萨卡里亚东岸进行背水一战。8月23日，七万五千希军携带300门大炮猛攻土军，土军因要防备苏俄，只集结起五万五千人的军队和160门大炮，形势极

▲ 1921年8月，土耳其民族的生死存亡之战——萨卡里亚战役。如果此次战役失败，希腊军队将占领安纳托利亚高原

为不利。凯末尔向全军发出号召："防线是没有的，我们只有血肉的防线。"希军一度几乎突破土军防线，却最终在土军"一战"老兵的拼死抵抗下成为强弩之末。凯末尔亲自指挥军队在希军左翼薄弱处发起反攻，希军全线溃退。凯末尔的肋骨被流弹打断，为避免影响士气，凯末尔秘而不宣，简单包扎后继续指挥作战。至9月13日，希腊军队已被逐出萨卡里亚东部。

萨卡里亚大捷后，希土战争的根本形势发生变化，本来就三心二意的法国和意大利率先与凯末尔媾和，英国对希腊的支持也越来越少。苏俄则召回了恩维尔，加大了对凯末尔的支持力度。至1922年9月18日，除一部分希军乘坐英军船只退回希腊外，所有小亚细亚的希腊军队均被消灭。土耳其赢得了民族独立战争的最终胜利。

此时，恩维尔帕夏作为凯末尔和土耳其共和国最危险的敌

▲ 苏俄红军代表与巴斯马奇代表进行和平谈判

人，却用一种奇特的方式自我了断了。在失去了利用价值后，恩维尔向苏俄领导人表示，他能够利用自己在穆斯林中的威望和苏丹女婿的身份，帮助苏俄平定中亚的巴斯马奇（中亚反抗苏维埃的土匪武装）之乱。苏俄领导人相信了他，然而，他一到达中亚，就加入了巴斯马奇运动，全盛时期甚至指挥着多达两万人的土匪武装。他试图用这些人在中亚复兴奥斯曼帝国，但在苏俄红军来讨伐他们之前，这些杂七杂八的人就自己厮杀起来了。身陷绝境的恩维尔在1922年的古尔邦节（8月3日）这一天告诉部下，他梦见自己战死了。一天之后，恩维尔在距离中国边境不远的地方被苏俄红军包围，身中五枪而死。

恩维尔的死不仅仅是他与凯末尔性格的不合、理念的冲突和一系列个人恩怨的终结，更象征着奥斯曼帝国的彻底灭亡和土耳其共和国的浴火重生。1923年7月，土耳其与英、法、意、希、日等协约国在瑞士的洛桑签署了新的和平条约，确立了土耳其的独立以及其主权和领土的完整，从而使土耳其民族解放斗争的成果得到了法律意义上的肯定。1923年10月，土耳其共和国成立，凯末尔成为首位总统。土耳其最终放弃了奥斯曼帝国的领土和宗教遗产，成为一个世俗化的中等国家。1935年，凯末尔下令将曾被奥斯曼帝国强行改成清真寺的东罗马圣索菲亚大教堂辟为博物馆，向世界宣示土耳其将成为一个世俗化的民族国家。

▲ 土耳其共和国国父穆斯塔法·凯末尔位于安卡拉的陵墓

小记：

　　1996 年，土耳其共和国迎回了国父凯末尔的敌人恩维尔帕夏的遗骸，将其安葬在伊斯坦布尔的烈士陵园，并为他举行了国葬，这标志着凯末尔遗产崩溃的开始。之后的二十年中，凯末尔一手确立的政治格局和世俗氛围逐步崩盘，恩维尔的灵魂再次游荡在土耳其上空，并把手伸向凯末尔毅然放弃的那些奥斯曼故土。时隔一个世纪之后，带着红底白星月标志的军人再次出现在叙利亚和伊拉克的街头，甚至开始对万里之外的中国内政说三道四。恩维尔帕夏似乎以埃尔多安的名字重新降临人间，然而，曾经保卫土耳其共和国的凯末尔将军，再也没有出现。

主要参考文献

1. ［美］阿彻·琼斯.西方战争艺术［M］.刘克俭，刘卫国译.中国青年出版社，2001.

2.［英］约翰·弗朗斯.西方中世纪战争史研究近况综述［J］.张煜译.《军事历史研究》，2003年第1期.

3. ［英］埃德加·普雷斯蒂奇编.骑士制度［M］.林中洋等注译.上海三联书店，2010.

4. Richard Lodge.The Close of the Middle Ages，1272–1494［M］. London Rivintons，1994.

5. ［英］J.F.C.富勒.西洋世界军事史［M］.钮先钟译.广西师范大学出版社，2004.

6. R.Rudorff. Knight and the Age of Chivalry，New York，1996.

7. Morris Rossabi.China and Inner Asia from 1368 to the Present Day［M］. London:Thames and Hudson Ltd，1975.

8. David Nicolle.The Age of Tamerlane［M］. London:Osprey Publishinng，1990.

9. Justin Marozzi.Tamerlane:Sword of Islam，Conqueror of the World［M］. London:Harper Perennial，2005.

10. Christopher I.Beckwith.Empires of the Silk Road:A History of Central Eurasia from the Bronze Age to the Present［M］.Princeton University Press，2009.

11. 川口琢司.帖木儿和察合台埃米尔［J］.乌吉利图译.东洋学报，1988.

12. 李云泉 . 朝贡制度史论：中国古代对外关系体制研究 [M]. 北京：新
华出版社，2004.

13. 王治来 . 中亚通史（古代卷）[M]. 乌鲁木齐：新疆人民出版社，2007.

14. 新疆社会科学院历史研究所编 . 新疆简史 [M]. 乌鲁木齐：新疆人民
出版社，1980.

15. 赵汝清 . 从亚洲腹地到欧洲：丝路西段历史研究 [M]. 兰州：甘肃人
民出版社，2006.

16. ［西班牙］罗·哥泽来滋·德·克拉维约 . 克拉维约东使记 [M]. 商
务印书馆，2016.

图书在版编目（CIP）数据

兵者不祥 / 刘鹤著 . — 北京：北京联合出版公司，
2019.7

ISBN 978-7-5596-3259-3

Ⅰ . ①兵… Ⅱ . ①刘… Ⅲ . ①世界史－文化史－通俗
读物 Ⅳ . ① K103-49

中国版本图书馆 CIP 数据核字 (2019) 第 092058 号

兵者不祥

作　　者：刘　鹤
责任编辑：昝亚会　夏应鹏
特约编辑：郭　梅
产品经理：刘云志

北京联合出版公司出版
（北京市西城区德外大街 83 号楼 9 层 100088）
北京联合天畅文化传播公司发行
天津丰富彩艺印刷有限公司印刷 新华书店经销
字数 206 千字　880mm×1230mm　1/32　印张 9.125
2019 年 7 月第 1 版　2019 年 7 月第 1 次印刷
ISBN 978-7-5596-3259-3
定价：56.00 元